◎ 本书获淮北师范大学学术专著出版项目、安徽省高校优秀青年人才支持计划重点项目（项目编号：gxyqZD2016536）、安徽省高等教育振兴计划弘扬核心价值观名师工作室项目（项目编号：Szzgjh1-1-2017-21）、淮北师范大学校级重点学科“马克思主义理论”资助。

马克思土地产权理论及其中国化研究

唐建兵　著

合肥工業大學出版社

前 言

倘若一个人越是有才华，越具智慧和声望，那么也就越是引人注目。而为众人所关注的，不仅有他公开的社会活动和私人的生活空间，而且还有他鸿篇巨制中蕴藏的理论观点和社会价值……

在《马·柯瓦列夫斯基的〈公社土地占有制，其解体的原因、进程和结果〉一书摘要》《论路易斯·亨利·摩尔根的〈古代社会〉一书摘要》《1844 年经济学哲学手稿》《1957—1958 年的经济学手稿》《政治经济学批判》《古代社会史笔记》《剩余价值论》《资本论》等经典著作中，围绕土地产权这个宏大议题，马克思有着太多的思考，精辟论述中闪烁着他聪颖过人的智慧和灵活变通的思维。而在著作的字里行间，尽管“土地产权”概念俗语隐之若现，但是，关于财产权利的基本理论、基本观点和基本方法却互相映衬、共构一体，形成了囊括土地产权制度及其变迁理论、土地产权理论、土地产权结合与分离理论、土地产权商品化及土地产权配置市场化理论、地租理论等内涵丰富、思想深邃的科学体系。

传统的中国社会是一个典型的农业社会，“重本抑末”思想观念盛行，农业被视为国民经济的重要基础。《孟子·尽心下篇》指出：“诸侯之宝三：土地、人民、政事”，土地被列为国家的三宝之首，相较于农业社会的极端重要性足见一斑。毫不夸张地说，土地作为农业生产中最重要的生产资料，“是一切生产和一切存在的源泉”[①]，是人们赖以生存和发展的必备条件和基础资源。然而，在封

① 马克思，恩格斯．马克思恩格斯全集（第 12 卷）［M］．北京：人民出版社，1979：450.

建社会，地主阶级掌握着绝大部分的土地终极所有权，直接从事农业生产的农民没有土地，或拥有少量的土地，不得不依靠租种地主的土地获得资源、维持生计。在生产力极其低下的情况下，地力产出十分有限，交粮纳税、租地缴租的生计办法使大多数农民深陷窘困之中，过着饥寒交迫的生活。此情此景，政权兴衰总是与土地斗争密切相连。为了改变社会现状，解决最基本的生计问题，农民掀起了一次又一次的暴动或起义，实现了数次王朝更替。但是，为之遗憾的是，土地私人占有的制度根基依然十分牢固地维持着，“凡天下田，天下人同耕”的良好夙愿始终是一个难圆的梦。

农民群众踏上艰辛奋斗之路、实现“耕者有田”的目标需要信仰之光的照耀和引领，更离不开先进阶级的组织领导。中国共产党是以马克思列宁主义为指导思想的革命政党，始终以全心全意为人民服务为根本宗旨。它的成立使中国革命的面貌焕然一新，也让生活在社会底层的最广大人民群众看到了曙光。美国著名记者洛易斯·惠勒·斯诺曾经说过：“谁解决了中国的农村问题，谁就掌握了整个中国”，而农村问题的核心即是土地问题。历史反复证明，解决农民群众最关心的土地问题，必须立足于中国实际，创造性地开展工作，不断推进马克思土地产权理论中国化。掀起“打土豪、分田地、废除封建剥削和债务”的土地革命运动，旨在逐步消灭地主阶级，变封建半封建的土地所有制为农民的土地所有制。轰轰烈烈的土地革命运动将广大的农民群众从封建地产制度的束缚中解放出来，极大地调动了他们参与革命的热情，也点燃了他们“耕者有其田、居者有其屋”的生活希望。

对近现代史稍作回顾亦不难发现，中国共产党解决农民群众土地问题的伟大实践进程即是不断推进马克思土地产权理论中国化的历史进程。1929 年 12 月，湘赣边苏区政府制定的《井冈山土地法》，首次以法律形式肯定了中国农民获得土地的神圣权利；1936 年 7 月，《中共中央关于土地政策的指示》中就小业主、富农等土地所有权的保护和认可，是党对土地政策的应时调适；1943 年 1 月，《中共中央关于抗日根据地土地政策的决定》中对减租减息、促进生产基本原则的确定，使党的土地政策逐步深入人心；1946 年 5 月，中共中央发布的《关于土地问题的指示》（即五四指示），明确了分配土地给农民，实现“耕者有其田”的土地政策；1947 年 7 月，制定的《中国土地法大纲》，使党的土地政策在完善中日渐成熟；1950 年 6 月，颁布了《中华人民共和国土地法》，施以农民的土地所有制而促进农业生产，继而为新中国推进工业化奠定了初步基础；1980 年 9 月，《关于进一步加强和完善生产责任制的几个问题》决定在全国推行家庭联产承包责任制和统分结合的双层经营体制，使党的土地政策迈上了新的更高台阶，也为全面建成小康社会背景下的土地确权和土地流转奠定了基础、积累了经验。

追求真理没有终点、理论创新永无止境。今天，推进马克思土地产权理论中国化依然是未竟之业，需要以超凡的胆略、巨大的理论勇气和高超的政治智慧走前人没有走过的新路，坚持在发展中不断创新、在创新中持续完善，以开创马克思土地产权理论中国化的新境界。

目 录

第一章　马克思土地产权理论的形成发展

翻阅大量的马克思、恩格斯经典著述，尽管“产权”这个概念俗语在其间隐之若现，但是财产权利范畴意义上的产权概念却相当丰富，精辟论断俯拾即是，观点阐述也较为完整。就土地产权议题，马克思在分析农业生产关系时就农村土地产权关系作了深刻论述和全面剖析，形成了农村土地终极所有权理论及其衍生理论。这些理论内涵丰富、思想深邃、博大精深，是一个系统完整的理论体系。正基于此，奥地利经济学家斯韦托扎尔·佩乔维奇（Svetozar Pejovich）给予了很高的评价，他在《马克思、产权学派和社会演变过程》中这样写道，“马克思是第一位有产权理论的社会科学家”①。而意欲正确解读并科学把握马克思土地产权理论，尚需要对其形成发展的社会背景和深刻动因、渊源基础和演进历史等内容作一简单的逻辑梳理。

第一节　马克思土地产权理论形成的社会背景和深刻动因

诚如马克思、恩格斯所指出的，“一切划时代的体系的真正的内容都是由于产生这些体系的那个时期的需要而形成起来的。所有

① S. Pejovich, Karl Marx, Property Rights School and the Process of Social Change［J］. Karl Marx's, Edited by J. C. Wood, Vol IV, Croom Helm, London, 1988: 240.

这些体系都是以本国过去的整个发展为基础的，是以阶级关系的历史形式及其政治的、道德的、哲学的以及其他的后果为基础的。”①这一经典论述，为解码马克思土地产权理论形成的社会背景和深刻动因提供了基本遵循。站在历史的长河中，以广阔的眼光审视，不难发现：马克思土地产权理论的形成绝非孤立的、偶然的社会现象，而是与特定的时代背景和社会需要密切相关，与马克思立志“为绝大多数人谋福利”的奋斗目标密切相关。

一、资本主义社会基本矛盾运动为土地产权理论的形成营造了环境基础

马克思诞生于崇尚自由、反对专制的德国莱茵省特利尔，尽管这个边境小城并不为众人所知，但他的人生轨迹却转了大半个欧洲，德国、法国、比利时、英国等都留下了马克思活动的足迹。游离于欧洲诸国之间让马克思目睹了以机构大生产为显著特征的资本主义社会的基本矛盾运动，即生产社会化与资本主义私人占有制之间的矛盾运动。这对基本矛盾运动在经济上具体表现为两个矛盾运动，即个别企业生产的有组织性与整个社会生产处于无政府状态之间的矛盾运动，生产无限扩大的趋势与劳动群众有支付能力的需求相对狭小之间的矛盾运动；而在政治上表现为资产阶级和无产阶级两大对抗阶级不可调和的阶级矛盾运动。正是资本主义社会基本矛盾运动推动着经济社会的变化发展，继而为马克思土地产权理论的形成提供了适宜的社会环境。

17 世纪 40 年代，伴之英国成为海上强国的快速步伐，社会各种矛盾逐渐变得尖锐起来。一方面，查理王室生活腐化、挥霍无度，政权统治、社会治理处于失序状态；另一方面，国王横征暴敛，肆意征收苛税，压榨劳苦大众，大批工人失业，生活窘迫的农民获得土地的愿望也变得更加强烈。矛盾积聚终而激化，引发社会

① 马克思，恩格斯．马克思恩格斯选集（第 3 卷）［M］．北京：人民出版社，1995：544.

革命。1688 年的光荣革命使英国走上了资本主义地发展道路。在光荣革命的示范带动作用下，欧洲掀起了一场又一场的资产阶级革命。工业革命席卷整个欧洲的过程即是工场手工业被机器大工业取代的过程，促进了社会的巨大进步。工业革命的完成，标志着资本主义制度在欧洲最终确立起来，社会化大生产成为生产发展的必然趋势。在资本主义社会，生产力与生产关系的矛盾集体表现为生产社会化与资本主义私人占有制之间的基本矛盾，而基本矛盾运动使资本主义社会生产力获得了狂飙式地发展，创造出以往任何时代都无法比拟的巨大的社会财富。譬如英国的棉纺织业，在工业革命前欧洲大陆每年输入英国的籽棉约 500 万磅，但工业革命兴起以后输入量就突破了 6 亿磅；钢铁的生产量也由以前的个位数逼近三位数。不仅如此，铁路里程也由 1836 年的 251 千米拓展到 1948 年的 8203 千米，其年均增长量是社会各方面始料未及的。

此时马克思的故乡德国作为欧洲的内陆国家，尽管政治局势动荡，封建农奴思想颇为浓厚，生产跨越、经济发展也远逊于英、法等早期资本主义国家，但是，伴随着机械大工业时代的来临，德国也迎头赶上，快步迈入了社会化大生产阶段。

社会化大生产极大地提高了劳动生产率，创造了巨额的社会物质财富，使东方附属于西方。但亦不容否认，作为社会化大生产的孪生体，资本主义私人占有制又让广大的劳动者丧失了土地和其他生产资料，不得不靠出卖自己的劳动力维持生活，继而导致了生产社会化和资本主义私人占有制之间的矛盾更趋复杂化、尖锐化、白热化。而资本主义制度的固有桎梏决定了其本身是无法解决这对基本矛盾的。在这种情况下，生产社会化和资本主义私人占有制之间的矛盾运动导致生产、消费的严重比例失调，商品生产相对过剩，引发周期性的经济危机。每一次经济危机的爆发，都会带来严重的生产破坏和资源浪费，多家企业破产倒闭，产业工人大批失业，不得不流浪街头，生活变得困苦不堪，进一步加剧了劳动群众生活的贫困化。而与之形成鲜明对比的是，拥有巨额财富的资产阶级却凭借占有的生产资料，无偿占有劳动者创造的剩余价值，过着“今朝有酒今朝醉”的荒淫奢侈生活。面对严酷的社会现实、巨大的生活反差，资本主义社会的经济问题很自然地进入了马克思的研究视阈，渐而成为重要的关注之题。

二、无产阶级争取经济权益的斗争为马克思土地产权理论的形成提供了实践基础

常言道，哪里存在剥削压迫，哪里就有反抗，而剥削越深、压迫越重反抗自然愈发强烈。资本主义社会与以往社会根本不同的是，资本家凭借占有的生产资料获取雇佣工人创造的剩余价值，而大批的劳动者由于丧失了一切生产资料，不得不受雇于资本家，依靠出卖劳动力挣得最低工资维持基本生活。可以说，在资本主义制度下，剥削和压迫作为私有制社会的一种常态，是前所未有的，在无产阶级不可忍受、反抗意识趋强之时就会以“揭竿而起”的方式表现出来，以争取更多的经济收益权，获得生存发展的机会和空间。

无产阶级争取经济收益权的斗争围绕“劳动者盼望多得，雇主希望少给”的关系展开，主要经历了四个发展阶段，表现为硬性对抗向柔性较量的过渡。第一阶段突出地表现为以秘密捣毁生产机器为主的自发斗争。资本家占有土地、厂房、机器等全部生产资料，无偿地榨取了雇佣工人创造的剩余价值，而雇佣工人并不掌握生产资料所有权，付出巨大劳动仅能获得维持生活的最低工资。不仅如此，由于机械大工业的出现，生产效率提高，导致了部分雇佣工人失业、贫困。为了报复资本家，争得经济权益，雇佣工人所能够做的就是集体捣毁机器。譬如，在英国，1769 年布列克伯恩工人捣毁纺纱机，1779 年兰开夏工人捣毁机器、烧毁厂房，等等。第二阶段突出地表现为分散的经济斗争。在与资本家做斗争的过程中，雇佣工人的维权意识逐渐增强，斗争策略开始由隐蔽走向公开，但表现

为罢工形式的斗争仍然缺乏计划性、组织性，是在工厂范围内分散进行的，其主要目的是要求改善工作环境、增加工资待遇为主，并没有流露出主张财产所有权的意识。由于雇佣工人分散的经济斗争影响力较弱，对抗对资本家几乎没有约束力，“现代工业的历史告诉我们，资本的无限贪求从来不会由于工人的分散的努力而受到约束，而斗争必然首先采取阶级斗争的形式，从而引起国家政权的干涉”①。第三阶段表现为有组织的经济斗争形式。自 19 世纪晚期始，欧美诸国的工人运动出现了有组织的经济斗争明显呈上升的趋势，且由以往的捣毁机器、罢工罢市等非法形式转化为法律不禁止的斗争形式。第四阶段表现为争取合法权利的政治斗争。由于工人采取斗争的方式是资本主义法律所不允许的，导致斗争中受损的不单纯是资本家，还有大批的雇佣劳动者。为了弱化阶级矛盾，减少利益冲突，进一步推动生产发展和社会进步，双方力量在较量中走向妥协。在这种环境形势下，行业工会这种特定组织开始出现了。在不冲击资本主义这一根本制度的前提下，罢工、集会、结社、游行和示威等成为工人合法的斗争形式，单纯的经济斗争演化为争取合法权利的政治斗争。伴随着争取合法权利的政治运动逐步扩大，无产阶级政治觉悟明显提高，政治运动此起彼伏，声势一浪高过一浪。1871 年 3 月，法国爆发了巴黎公社起义。巴黎公社承续尽管短暂，但它的影响却是巨大的、深远的、世界性的。以法国巴黎公社起义为标志，无产阶级进入了独立的政治斗争阶段。正如马克思在致路·顾格曼的信中写道：“工人阶级反对资本家阶级及其国家的斗争，由于巴黎人的斗争而进入了一个新阶段。”②

资本主义国家争取经济权益的斗争，是由无产阶级本身的性质地位和生存状况所决定的。他们付出艰辛劳动，但获得的收益却与之远不相称；他们始终处于生产一线，却要忍受资本家的剥削和欺

① 马克思，恩格斯．马克思恩格斯选集（第 32 卷）［M］．北京：人民出版社，1998：207.

② 马克思，恩格斯．马克思恩格斯选集（第 33 卷）［M］．北京：人民出版社，1998：210-211.

压，没有丝毫的政治话语权。因此，无产阶级争取经济权益的斗争是不可避免的、无法逆转的。当然，大规模运动的结果也表明，无产阶级争取经济权益的斗争实践仍然带有自发性的印迹，在理论上远未达到较高的科学水平，因而迫切需要理论指导。这种理论能有效阐明无产阶级的历史地位和社会作用，并指明批判资本主义劳动异化、建设共产主义理想产权收益的方向和道路。尽管如此，无产阶级争取经济收益权的斗争却为马克思土地产权理论的产生提供了实践基础。

三、马克思恩格斯分工合作、共同钻研为土地产权理论的形成提供了主观条件

客观而论，马克思出生于职业律师家庭，恩格斯出生于工厂主之家，不仅各自面临的家庭环境较为悬殊，而且人生阅历也各不相同。但是，共同的信念和坚定的信仰让他们成了最亲密的战友。在为最大多数人谋福利的共同战斗中，他们心向一处，既分工明确、各司其职，又密切合作、共同钻研，协力同心推动着土地产权理论扬弃传统、走向新生。

马克思出生于德国莱茵省特里尔城的犹太律师家庭。父亲思想开明、知识渊博，为人正派、性情温和，素以律师为业，有稳定可观的经济收入，在当地享有较高声望，同时又是崇信法国启蒙思想的自由主义者，对犹太教的偏狭嗤之以鼻，并于马克思来世之前改信基督教；母亲信奉基督新教，即路德教，善良朴实、知书达理，虚怀若谷、为人谦和，奉献给子女无限的母爱。在这个信奉基督教的家庭里，形成了和谐开明的生活氛围，有助于子女人格的塑造和智慧的培育。借马克思10岁生日的机会，父亲的善良教徒故事和智慧的熏陶深深地触动了马克思幼小而善良的灵魂。受家庭环境的熏陶和社会环境的浸染，马克思酷爱历史和哲学，长期浸润于法国哲学家D·狄德罗、伏尔泰和英国哲学家约翰·洛克等人编撰的著作当中。不仅如此，马克思的近邻路德维希·冯·威斯特华伦深受英

国思想教育的影响，是一个具有人文主义思想和自由精神的人，马克思对莎士比亚作品的热爱和圣西门学说的痴迷，即离不开他的熏陶和感染，也使马克思对社会问题有了更多的关注。就特里尔的社会环境而言，这里没有近代工业的喧嚣，却有庄园农业的典雅，深居于此的基本上是达官贵人、中产商贾和手工业者。19 世纪 30 年代，庄园农业遭遇外部竞争而渐趋萧条，导致贫苦农民生活贫困潦倒，不得不依靠公共救济维持基本生活。而此环境对马克思的影响是潜移默化的、深刻的，使他在青少年时代就有了鲜明的阶级立场，并树立起为全人类福利而奋斗终生的崇高理想，他在《青年在选择职业时的考虑》文中这样写道："如果我们选择了最能为人类福利而劳动的职业，那么重担就不能把我们压倒，因为这是为全人类所做的牺牲；那时我们感到将不是一点点自私而可怜的快乐，我们的幸福将属于千百万人，我们的事业将不会显赫一时，但将永远存在。而面对我们的骨灰，高尚的人们将洒下热泪。"①

与此决然不同的是，恩格斯出生于德国莱茵省巴门市的纺织厂主家庭。恩格斯家族是当地的名门望族，祖父和父亲都是当地有较大影响力的企业家，思想保守、观念守旧，但其家庭却有着新教虔诚主义的和谐氛围。良好的家庭教育使恩格斯从小养成了注意观察社会生活的习惯，工厂主的狰狞面目、劳苦大众的极端贫困都给他留下了深刻的印象。在爱北斐特里科中学就读时期，具有自由主义思想的教师对他思想观念的形成产生了深刻的影响。被迫弃学以后，恩格斯到不来梅供职，这里专制统治松散，思想相对自由，使他喜欢上了政治活动和科学研究，也有更多的时间和精力了解工人贫困的生活境况，探寻资本家剥削工人的秘密。1839 年《乌培河谷来信》的公开发表表明恩格斯鲜明的阶级立场和奋斗志向。1842 年 11 月，恩格斯受父亲委托，来到英国曼彻斯特的欧门-恩格斯纺织

---

① 马克思，恩格斯. 马克思恩格斯选集（第 40 卷）［M］. 北京：人民出版社，1982：7.

厂任职。在赶赴英国的途中，恩格斯访问科伦的《莱茵报》编辑部，而得机会与马克思见面。书信来往中，一次又一次的心灵交流和思想碰撞，令彼此有了更深一层的了解。

1844 年 8 月，恩格斯从曼彻斯特返家，途经法国巴黎时第二次会见马克思，他们在围绕政治事件和科学问题的倾心交谈中发现，彼此对一切重大问题的看法却是惊人的相似，由此结下了深厚的友谊，渐而有了共同的信仰和追求。以此为开端的书信往来中，彼此不时交换对政治事件的意见和研究成果。但是基于社会环境、职业身份等多重因素困扰，他们又互有分工、密切合作。恩格斯打理公司、经商为业，以提供适度的经济资助，缓解马克思的饥饿贫困和生活苦难，使马克思有精力和智慧从事理论创作；马克思览阅大量适度的典章书籍，并利用恩格斯提供的真实材料潜心钻研。显然，马克思土地产权理论的形成与此是分不开的。

第二节　马克思土地产权理论形成的渊源基础

任何思想观念、理论体系都不是无根的浮萍，不能凭空臆断捏造出来，一定有深厚的渊源基础，马克思土地产权理论亦莫能外矣！马克思在翻阅大量古典书籍的过程中，不仅吸收了英国古典政治经济学派关于土地所有权论述的系列正确观点，而且借鉴了无政府主义者关于传统私有产权的论述、法国空想社会主义学派关于土地私有产权和公有产权辩论中的诸多有益成分，并以此为重要的理论基础，对各种农地产权现象作了较全面地归纳和总结。它不仅扎根于经济权益斗争的实践基础之上和财产所有权及其派出权利的经济事实之中，而且基于先前思想材料的挖掘梳理和分析研究。马克思土地产权理论中承载的对财产所有权的重视，对财产占有权、使用权和收益权等派生权利的关注，对超脱财产权利的美好社会制度的科学构想和精巧设计，与马克思对历史上贤达圣人们积淀的经济思想的科学继承、批判扬弃是密不可分的。

一、古典政治经济学派对土地所有权实现形式问题分析和探讨

古典政治经济学派是对凯恩斯理论出现前经济思想主流学派的统称，威廉·配第是重要的奠基人，而杰出代表和理论体系的开创者非亚当·斯密莫属。另外，大卫·李嘉图、托马斯·马尔萨斯和约翰·穆勒等都是其中重要的代表人物。古典政治经济学派相信经济运行规律决定着价格和要素报酬，并且认为价格体系是资源配置的最有效方式。古典政治经济学派从多角度就地租问题，即土地所有权实现形式问题进行了探索和研究，取得的实践经验和丰硕成果为马克思地租理论的形成提供了重要的理论基础。

威廉·配第（William. Petty）堪称“政治经济学之父”，他对资本主义经济的研究，尽管带有重商主义的印痕，但其研究却从传统的流通领域深入到生产领域，提出了劳动和土地是财富本源的观点。亦不否认，关于劳动价值论，他的论述是零散的、系统的，但对一些基本命题的阐述又为后世研究提供了借鉴。1962 年，他在撰写《赋税论》著作中，重在讨论税收问题，却又用相当的篇幅讨论了支出和地租问题。配第在土地肥力衡定的基础上，依据市场区位不同导致收益差异而提出了级差地租的概念。他认为，两块土地即便肥沃程度差别不大，生产要素等的投入也大致相当，地产数量基本相同，但是由于距离市场远近不同，经济收益就会存在明显差异，因而地租是有差异的。配第关于地租理论的论述相对粗陋而欠完善，但却是对地租理论初步的、勇敢的尝试。

亚当·斯密（Adam Smith）堪称经济学鼻祖，《国富论》是其最具影响力的经济学著作。他在政治经济学的分析研究中，曾就地租问题进行了较为深入的研究。他通过研究发现：地租即是源于土

地使用者的剩余劳动。在私有制社会，直接从事生产劳动的劳动者丧失了土地或有少量土地，从土地上获得维持生活的必需品，就只能租种地主的闲置土地。而租种土地的前提就是将劳动获得的一部分产品当作报酬交给地主。[①] 也就是说，地租“作为使用土地的代价”[②]，实际上是由土地使用者创造的交给土地所有者的那一部分收入，是土地所有权在经济上的实现形式。不仅如此，即便没有改良的土地，只要有使用者，土地所有者同样要收取地租。此观点也得到了马克思的肯定，他说：“在生产完全以交换价值为基础的地方，这是唯一正确的观点。”[③] 尽管斯密有些观点内涵尚显模糊，但对马克思地租理论的产生及仍然有一定的借鉴价值。

大卫·李嘉图（David Ricardo）是深受《国富论》影响的又一位英国经济学家，其中《政治经济学及赋税原理》是他最负盛名的著作。他站在前人的肩膀上，以劳动价值论为基础来研究经济学领域的问题，并对地租问题进行了深度分析。李嘉图认为，产品的社会价值和个别价值之间是存在差额的，级差地租即与此密切相关。在他的著述当中，已经突破前人研究视阈的局限，对级差地租的两种形态做出明确区分。只要低质量的土地仍然在使用中，高质量的土地就会产生地租，而级差地租Ⅰ即是源于土地质量的差别。此外，李嘉图还指出：“常常出现的情形是：在第二、第三、第四、第五等或更差的土地投入耕种以前，人们能使资本在已耕的土地上生成更多的东西来”[④]，即第二种形态的级差地租。李嘉图关于级差地租的论述成了马克思级差地租理论重要的渊源基础。

---

① 亚当·斯密著，郭大力、王亚南译．国民财富的性质和原因的研究（上卷）［M］．北京：商务印书馆，1981：44.

② 亚当·斯密著，郭大力、王亚南译．国民财富的性质和原因的研究（上卷）［M］．北京：商务印书馆，1981：136.

③ 马克思、恩格斯．马克思恩格斯全集（第34卷）［M］．北京：人民出版社，2008：165.

④ 李嘉图著，周巧译．政治经济学及赋税原理［M］．北京：华夏出版社，2005：46.

二、空想社会主义重视公有产权研究中对私有产权的批判

从人类社会演进发展的角度说，资本主义制度取代封建农奴制度是历史的进步，推动了社会生产力的巨大飞跃。但从生产资料所有制形式来看，生产资料为少数资本家所占有，而直接从事生产劳动的最广大无产阶级却在“羊吃人”的圈地运动中与土地等生产资料分离，变得一无所有，只能依附于资本家，依靠出卖劳动力获得最低工资，维持基本生活。在资本主义生产关系下，无产阶级遭受苦难、受尽折磨，经历着“一切灾难中最严重的灾难”，剥削、压迫程度是史无前例的。而在资本家宣扬生产资料所得而私、财产权至上的同时，空想社会主义者却对资本主义制度进行了严厉抨击，认为私有制是一切阶级纷争的根源。他们在对资本主义制度的批判中，呼吁摒弃资本主义弊端，并对未来社会的经济问题做了有益的揣测和美好的设想，有许多方面不乏积极意义和借鉴价值。

从空想社会主义演进发展的历程来看，经历了三个阶段。16 至 17 世纪为早期空想社会主义阶段，其代表人物主要有托马斯·莫尔、托马斯·闵采尔（Thomas Münzer）、托马斯·康帕内拉（Tommas Campanella）、约翰·凡·安德里亚（John Van Andrea）等。托马斯·莫尔（St. Thomas More）被誉为空想社会主义的奠基人，《乌托邦》即是承载空想社会主义学说的重要文献。莫尔生活于资本主义原始积累时代，切身地感受到圈地运动带来的社会后果：生产资料高度集中于少数人手中，下层民众日益贫困化。在这个黑暗的社会里，莫尔表现出对下层人民深深的同情。他强烈反对财产私有，认为只要私有制存在，必然使“一切最好的东西都落入最坏的人手中，而其余的人都穷困不堪、生活无着”[①]。因此，只有改变财产私有，实行财产公有，才能根除贪婪、掠夺和战争。在莫

① ［英］托马斯·莫尔著，戴镏龄译. 乌托邦［M］. 北京：商务印书馆，2008：16.

尔描绘的乌托邦社会里，全部生产资料为大家所公有，实行按需分配，“每人一无所有，而又每人富裕”[①]。托马斯·康帕内拉是早期空想社会主义的又一代表人物，与莫尔一样，他憎恶、痛斥私有制，认为私有制乃万恶之根源，主张废除私有制，实行公有制。对话体裁的《太阳城》中即是他描绘未来理想社会、主张财产公有的代表性著作。在《太阳城》载有“公社制度使大家都成为富人，同时又都是穷人；他们都是富人，因为大家共同占有一切；他们都是穷人，因为每个人都没有任何私有财产。因此，不是他们为一切东西服务，而是一切东西为他们服务。”[②] 创物主创造土地万物，根据天赋人权，都是公有的，所得而私是违背天赋人权的。他认为，实行公有制能够消除“自私自利引起的一切恶习，而以对公社的爱来代替他们。那里既没有悭吝和互相敌视的行为，也没有讼争和欺骗。”[③] 财产公有为人们经济上和政治上的地位平等奠定了基础，一切劳动都由全体公民共同负担，任何人不享有特权，剥削与被剥削、压迫与被压迫关系已经没有了。约翰·凡·安德里亚撰写的《基督城》，采取文学游记体裁，描述海外仙岛生产资料公有制的社会制度。在这种社会制度下，生产资料公有，适龄人都需要参加劳动，劳动产品平均分配，不存在剥削、压迫。早期空想社会主义者有着基督教社会背景，惯于从道德层面分析现实问题，对资本主义制度的批判，对资本主义种种矛盾和社会罪恶的揭露，并对财产公有社会的追求和憧憬等成了马克思土地产权理论的直接来源。

17 至 18 世纪为中期空想社会主义阶段，摩莱里（Morelly）、马布利（Mabley）、杰腊德·温斯坦莱（Gcrrard Winstanley）是重要的

① ［英］托马斯·莫尔著，戴镏龄译．乌托邦［M］．北京：商务印书馆，2008：18.

② ［意］康帕内拉著，陈大维、黎思复、黎廷弼译．太阳城［M］．北京：商务印书馆，1997：24.

③ ［意］康帕内拉著，陈大维、黎思复、黎廷弼译．太阳城［M］．北京：商务印书馆，1997：95.

代表人物。摩莱里主张土地等物质资源应当为人们共同占有和使用，认为人们都应当共同劳动，共同享受劳动成果，不得剥削和压迫别人，“通过人们感觉和需要的共同性，使他们了解自己地位和权利的平等，了解共同劳动的必要性”。[①] 作为18世纪杰出的空想社会主义者，马布利认为，私有制是一切不幸之源，建立在私有制基础上的社会是不符合理性和自然秩序的，主张改革现行税制和土地制度，以防止生产资料集中到少数人手中。温斯坦莱则从法学层面批判资本主义私有产权，并明确地区分了生产资料和生活资料的归属问题。他认为土地、生产工具和劳动成果等为人们所共有才是符合人性的，即“土地及其果实的公有制是真正的自由共和国或共和管理制度的基础”[②]，但家庭财产则区别于此，属于私有财产而受法律保护，他人不得自由使用、共同消费。

19世纪是空想社会主义达到顶峰的阶段，克劳德·昂利·圣西门（Claude-Henri de Rouvroy）、傅立叶（Baron Jean Baptiste Joseph Fourier）、罗伯特·欧文（Robert Owen）是最具典型的代表人物。伴之资本主义私有制巩固的步伐，生产社会化同生产资料私有产权这一基本矛盾更加激化。空想社会主义者尖锐地批判了资本主义私有制，指出了私有制在实现经济发展上的局限性，构建起生产资料公有的理想制度模式。在产权问题上，一方面认为私有产权是罪恶之源，不具备正当性和合法性；另一方面主张生产资料或者部分生活资料实行公有产权，是正当性的充分体现。在制度变迁方面，认为公有产权安排能解决现实问题，给人们带来快乐和幸福。

空想社会主义学派对资本主义制度的揭露和控诉，有助于人们认识资本主义的弊端和缺陷；而对公有产权模式进行的有益探索，则对马克思土地产权理论的形成具有较大的思想启迪和借鉴价值。

---

① ［法］摩莱里．自然法典［M］．北京：商务印书馆，1965：23.

② ［英］温斯坦莱著，任图栋译．温斯坦莱文选［M］．北京：商务印书馆，1965：5.

三、无政府主义者对传统私有产权的反思

无政府主义（Anarchism）缘起于原始社会，16 世纪欧洲的再洗礼派教徒被视为近代无政府主义的宗教先驱，埃德蒙·伯克（Edmund Burke）在《为自然社会而辩护》一文中明确提出了没有政府的鲜明观点。作为欧洲近现代小资产阶级的政治思潮之一，是近代欧洲颇具影响的社会政治思潮，英国的 W. 戈德温、德国的 M. 施蒂纳、法国的 P. J. 蒲鲁东、俄国的 M. A. 巴枯宁和 P. A. 克鲁泡特金等是最有影响的代表人物。就无政府主义的基本立场来看，反对一切统治和权威，提倡个体自助，主张自愿结合，以建立互助、自治、反独裁主义的和谐社会。

蒲鲁东被誉为无政府主义之父，他不仅是第一个使用安那其（Anarchy）来表述社会的无政府状态并就此作了相对系统的理论阐述，而且在产权问题上也有较为深入的研究，《什么是财产或关于法和权力的原理的研究》是他这方面的代表性著作。在这部巨著中，蒲鲁东站在小资产阶级的立场上，提出了“所有权就是盗窃”[①]的著名论断，指出了资本主义制度存在的种种弊病，尖锐地批判了资产阶级大私有产权。蒲鲁东认为，土地是大自然赋予人类的自然存在物，是人们赖以生存的基本资源，应当实行共享受而不能强行据为己有。任何人对土地都是平等占有，但并不具有“先占权”。人们在土地上付出相同的劳动，取得的社会财富和获取的经济收入应当是平等的。但是，在资本主义的现实生活中，却并非如此。资本家作为土地的所有者，占有并剥削使用土地的劳动者，劳动者创造的绝大部分财富都被资本家据为己有，而自己获得的劳动收入微乎其微，生活处于极度贫困状态。蒲鲁东认为，在资本主义社会，“所有人（土地所有者）可以将这个使用许可权毫无代价的授予别

① ［法］蒲鲁东著，孙署冰译．什么是所有权［M］．北京：：商务印书馆，2007：3.

人，通常他是把它出卖的”[①]。因此，提高土地使用者的劳动收入，最有效的办法就是遵循平等、公平原则，废除土地等自然物的先占权，消除地租，以尽量减少剥削、弥补收入差距，实现社会公平和稳定。

蒲鲁东等无产政府主义者对资本主义社会土地产权这一现实问题的强烈关注，对传统私有产权的有力批判，为马克思转向土地产权问题研究、深入认识土地产权的特征和本质奠定了理论基础。

第三节　马克思土地产权理论发展的逻辑理路

机器大工业带来了资本主义经济快速发展和社会急剧转型，伴之于此，无产阶级队伍的发展壮大，引起了马克思对他们的深切关注。马克思土地产权理论发展的逻辑理路，以 1842 年创作《第六届莱茵省会议的辩论（第三篇论文）——关于林木盗伐法的辩论》为重要开端，马克思开始系统地收集资料，并结合资本主义社会的种种经济现象，着力于政治经济学的研究，撰写了《黑格尔法哲学批判》《1844 年经济学哲学手稿》《1957—1958 年经济学手稿》《政治经济学批判（1957—1958 年手稿）》《1961—1963 年经济学手稿》《剩余价值论》《论土地国有化》《古代社会史笔记》《资本论》等系列重要著作，直到 1894 年 10 月《资本论》（第三卷）付诸刊印。在此需要提及的是，理论著作中也凝聚着恩格斯的心血和智慧。经过数十年的潜心研究，马克思、恩格斯对土地产权理论的认识实现了由国家和法律层面到经济层面，由法权到经济关系进而物权，由逻辑思辨为主到历史考察、实证分析为主的转变，最终形成了批判的、辩证的唯物主义土地产权理论。

---

① ［法］蒲鲁东著，孙署冰译．什么是所有权［M］．北京：：商务印书馆，2007：10.

一、马克思土地产权理论的萌芽

马克思获哲学博士后，在波恩大学传道授业，但基于普鲁士政府对知识界的严厉管控和身心伤害，他开始转向政治，从事反对封建专制和争取民主权利的社会政治活动。1842 年，一份关于枯树枝产权归属问题的提案引发了马克思对产权问题的思考。提案案由简单、事实清楚，就是贵族和贫民围绕枯树枝的产权争议。省等级议会基于保护林木所有者利益的立场，援引《林木盗窃法》条款，夸大了林木所有者等贵族地主的经济利益，认定贫民未经土地和林木所有者允许就擅自捡拾枯树枝属于盗窃行为，应定为盗窃罪。而对此产权纠纷，马克思持不同意见。为了阐明自己的鲜明观点，马克思撰写了《第六届莱茵省议会的辩论（第三篇论文）——关于林木盗窃法的辩论》，并分 5 期刊登于《莱茵报》的附页上。通过大量举证和理论阐明，充分地论证了贫民权益的正当性。第一，捡拾枯树枝是人类初始之时赋予的天然权利。人类混沌初开之时，生产力水平极为低下，捡拾野生果实等自然物维持生活是其本能。枯树枝作为偶然的附属品，不是真正财产所有者的活动对象。他认为，自然习惯是最底层、受压迫、无组织的劳动群众基于基本生存权利的体现，捡拾枯树枝实际上是自然赋予他们的习惯权利，议会不能践踏，随意剥夺劳动群众的基本权利。况且，掉落在土上的枯树枝已经与树干相分离，彼此间没有必然的有机联系，因此贫民捡拾枯树枝是正当的、合理的。第二，基于传统的日耳曼习惯法，捡拴枯树枝属于贫民的正当权利。中世纪“罗马立法对于那些既有权利而又受习惯保护的人是处理得当的，但是对于那些没有权利而只受习惯保护的人却处理不当”[1]，处于社会底层的贫民即是此类。省级议会将贫民捡拾枯树枝的行为定罪为盗窃是“特权者的习惯”，是典型

① 马克思，恩格斯. 马克思恩格斯全集（第1卷）［M］. 北京：人民出版社，1982：144.

的“法的动物形式”。第三，林木占有者的所有权并不具有绝对性和完全排他性。贵族作为林木所有者，无可争辩地拥有体现物权所有的各项权利，但是物权所有者是否具有资源派出物的各项权利，存在较大的争议。枯树枝作为林木中树干的派生物，具有自发性和偶然性，其权利并不具有排他性，“有些所有权的对象按其本质来说永远也不能具有那种早被确认的私有财产的性质。这就是那些由于它们的自发性和偶然存在而属于先占权范围的对象”[①] 即是说，枯树枝作为偶然存在物，是无主自然物，谁先发现并占有，谁享有相应的经济权利。不仅如此，马克思还对省级议会的错误行为给予了严厉抨击，“一切事情都是倒行逆施，完全同理性和法相抵触的手段被用来对付被告；因为极端重视有限的私有制的利益必然就会完全忽视被告的利益”[②]，而省级议会坚持的“基本原则是什么呢?就是要保护林木所有者的权益，即使法和自由的世界会因此而毁灭也在所不惜”[③] 这种以黑格尔的哲学方式进行的批判辩护，尽管唯心色彩较为浓厚，但却将产权与衍生出的经济权益联系起来，认为“事物的本质要求独占，因为私有制的利益想出了这种独占。”[④] 马克思对资本主义私人占有制的揭露和控诉直指要害，是刀刀见骨的。

对现实问题的关注进一步增强了马克思对社会问题的认识和把握，他的经济权益思想也在悄然发生变化。1842 年 11 月，马克思围绕市政改革议题，在《莱茵报上》发表了《市政改革和〈科伦日报〉》一文。一方面，他对维护普鲁士等级制度和贵族的特权、主张城乡权利分开的种种谬论给予最严厉批驳，另一方面，他认为法律作为现实关系观念上的特定反映，立法应当以现实生活为前提和

---

① 马克思，恩格斯. 马克思恩格斯全集（第 1 卷）［M］. 北京：人民出版社，1982：146.
② 马克思，恩格斯. 马克思恩格斯全集（第 1 卷）［M］. 北京：人民出版社，1982：155.
③ 马克思，恩格斯. 马克思恩格斯全集（第 1 卷）［M］. 北京：人民出版社，1982：288.
④ 马克思，恩格斯. 马克思恩格斯全集（第 1 卷）［M］. 北京：人民出版社，1982：155.

基础。在随后不久撰写的《摩塞尔记者的辩护》一文中，已经依稀可见马克思关注点的下移，由国家层面逐步转向市民社会层面，并“开始从物质利益关系出发来理解国家和法律”①，从而为所有制本质的揭示奠定了基础。

“一般思辨哲学的改革宗教的批判方法，与宗教哲学曾经应用过的方法没有什么不同。我们只要将宾词当作主词，将主体当作客体和原则，就是说，只要将思辨哲学颠倒过来，就能得到毫无掩饰的、纯粹的、显明的真理”②，费尔巴哈这一主张让马克思从中受到重要启示。为了从历史事实中厘清国家与市民社会的关系，马克思翻阅和查证了大量历史、哲学书籍，并围绕生产资料所有制问题做了大量摘录。因为生产资料所有制是决定国家与市民社会关系的关键，理解了所有制的实质，国家与市民社会的关系自然变得清晰起来。他在研究中指出，传统社会的“长子继承制是土地占有制本身的结果，是已经硬化了的私有财产，是最独立和最发达的私有财产（quand même〔无论什么样的〕）”③，明确地提出了所有制（财产关系）问题是决定国家和市民社会关系的关键，所有制决定国家制度（法权关系），而非政治国家决定着私有财产的支配权。这亦是马克思关于唯物主义基本原理经济基础决定上层建筑的最初阐述，即“物质生活的生产方式制约着整个社会生活、政治生活和精神生活的过程”④。在深入剖析所有制的论述中，他指出，“和独立的私有财产（即土地）这种荒诞无稽的东西相比，职业的没有保障是凄惨的，追逐利润是戏剧性的，财产的可变性是真正悲剧性的，对国家财产的依赖是合乎伦理的。一句话，在所有这些特质中我们透过私

---

① 彭五堂．论马克思所有制理论的萌发［J］．马克思主义研究，2011（08）：58.

② 费尔巴哈著，荣震华等译．费尔巴哈哲学著作选集（上卷）［M］．北京：商务印书馆，1984：102.

③ 马克思，恩格斯．马克思恩格斯全集（第1卷）［M］．北京：人民出版社，1982：369.

④ 马克思，恩格斯．马克思恩格斯选集（第1卷）［M］．北京：人民出版社，2012：2.

有财产听到了人心的跳动，这就是人对人的依赖”。[①] 由此可见，生产资料所有制的实质即是人与人的利益关系。在生产资料私人占有的社会里，突出地表现为生产资料所有者对生产资料非所有者的支配和奴役。在弄清楚所有权这一客观经济基础以后，围绕所有权及其衍生权利的讨论也就变得相当必要了。

二、马克思土地产权理论的初步形成

博士毕业后，马克思被聘为《莱茵报》主编，由此《莱茵报》变成了宣传进步思想、谴责抨击政府的重要阵地。其激进的言论和鲜明的观点令普鲁士政府非常气愤，于是横加干涉，派人查封了《莱茵报》。1843 年深秋，马克思被迫离开自己的祖国，流亡至法国巴黎继续宣传积极进步的革命思想。在这期间，他对政治经济学进行了较为深入的研究，撰写了《1844 年经济学哲学手稿》（简称《手稿》）《政治经济学批判》《德意志意识形态》等重要著作，一方面对资本权利、私有财产权所体现的对立关系、私有财产的本质作了深刻分析，揭示了资本主义私有产权的起源、本质和趋势；另一方面通过对所有制历史演变过程的分析，深刻地揭示了社会产权结构形成的物质基础和生产力对产权结构的决定作用。在此基础上，土地产权结构的基本框架初步建立起来。

（一）《1844 年经济学哲学手稿》是马克思经济学研究的光辉起点

1844 年上半年，马克思完成了《1844 年经济学哲学手稿》，这部著作首次用生产劳动实践的观点来阐述经济活动和经济学的起源，为马克思主义经济学研究开辟了新路，是建立无产阶级政治经济学理论体系的伟大尝试。《1844 年经济学哲学手稿》对异化劳动、私有财产作了历史考察和分析，并在此基础上对共产主义作了经济

---

① 马克思，恩格斯．马克思恩格斯全集（第 1 卷）［M］．北京：人民出版社，1982：372.

学、哲学的探索论证，因而该著作被视为马克思研究经济学的光辉起点。

《1844 年经济学哲学手稿》首先分析了资本主义社会的工资和资本现象，并在地租以及土地在内的私有财产分析和批判的基础上，提出了关于土地产权问题的观点。第一，关于土地自然物作为私有财产的初步认识。与经济学家亚当·斯密提出的“土地所有者的利益始终同社会利益相一致”的观点迥异的是，马克思认为，在土地归私人所有的情况下，土地所有者从租地者手中获得地租与社会从土地所有者那里获得利益是完全不同的，“个人从社会得到的利益同社会从个人得到的利益成反比”①。站在此角度进行审视地租，马克思对土地私有制进行了尖锐的批判，认为土地所有者凭借对土地的绝对占有权，出租土地收取地租的行为，实际上是对社会利益的一种掠夺，其社会危害性是不言自明的。第二，关于土地归属问题的见解和看法。土地作为自然物，人们是享有均等权利还是先占所得而私，无政府主义的代表人蒲鲁东在研究中阐明了自己的观点，认为任何人都享受平等权利，并不具有“先占权”。就土地的归属问题，马克思在《1844 年经济学哲学手稿》中将其提到了新的高度来认识和把握，明确地提出了土地产权联合所有的观点。马克思认为，在资本主义原始积累时期“羊吃人”的圈地运动使大部分土地集中到资本家手中，而农民的贫困化使更多的土地转化为商品，土地买卖进一步加剧，导致土地更趋集中和垄断。在分析现象的基础上，马克思认为实行土地分割是解决这一问题的可能途径，但要使问题彻底解决而不至于造成土地“丑陋形态的垄断”②，就必须触及根本制度即土地私人占有制。触及并铲除土地私有制要在土

---

① 马克思著，中共中央马克思恩格斯列宁斯大林著作编译局译. 1844 年经济学哲学手稿［M］. 北京：人民出版社，2014：37.

② 马克思著，中共中央马克思恩格斯列宁斯大林著作编译局译. 1844 年经济学哲学手稿［M］. 北京：人民出版社，2014：43.

地分割基础上推行产权联合。正如马克思所言，“联合一旦应用于土地，就享有大地产在经济上的好处，并第一次实现分割的原有倾向即平等”[①]，而这种联合绝不是采取农奴制度、领主统治等传统所有权方式，是在个人占有土地基础上的联合，劳动者自由劳动、享受收益。劳动者占有土地并获得地产收益，才有生产的积极性、主动性，也才有利于生产力发展。

（二）对土地产权的分析标志着马克思土地产权理论初步形成

《政治经济学批判（1857—1858 年手稿）》是 1859 年马克思公开发表的第一部政治经济学著作。在这部巨著中，马克思对资本主义社会生产方式之前的社会形态下的各种所有制形式做了历史考察，并分析了与之相应的产权制度。在以农业为经济基础的传统社会，土地是最主要的生产资料，分析产权制度其实都是围绕土地所有制形式而展开的系列问题。在《政治经济学批判（1857—1858 年手稿）》中，马克思分析了土地所有制的三种形式。第一，东方亚细亚土地所有制形式。亚细亚是由原始社会向阶级社会过渡时期特殊的生产方式。在这里，国家以农村公社为基本组织单位，指挥农村公社进行生产建设。亚细亚生产方式的主要特点是土地由农村公社统一管理和支配，任何个人只能作为共同体成员占有和使用土地，但不得自由转让。而作为使用土地的回报，共同体成员需要将收益的一部分交给农村公社。由此观之，亚细亚生产方式下，土地所有权和占有权、使用权和收益权等派生权能既是统一的，但又具有相对分离的特点。第二，西欧古代土地所有制形式。这种土地所有制形式以古希腊、古罗马为典型代表。与东方亚细亚生产方式不同的是，西欧古代土地所有制是按照军事方式以公民的居住地为基础组织起来的公社。公社作为具军事性质的社会组织，并不完全占

---

① 马克思著，中共中央马克思恩格斯列宁斯大林著作编译局译．1844 年经济学哲学手稿［M］．北京：人民出版社，2014：43.

有土地。也就是说，在这种生产方式下，土地公有和土地私有两种方式并存，一方面公社成员共同占有和使用公有土地，另一方面公社成员及其家庭还有私有土地，公社成员自由劳动、独立经营。第三，日耳曼的土地所有制形式。日耳曼的土地所有制形式下，共同体十分松散，土地公有是土地私有的一种补充，成员对共同体的依赖性很弱。随着生产力的缓慢发展，以土地公有制为基础的人类生活共同体走向解体，土地私有渐成为剥削社会的主要所有制形式。

三、马克思土地产权理论的发展完善

在人类演进的历史长河中，土地私有曾经极大地调动了劳动者的热情，推进了生产力的发展进步。但是，土地私有制又容易导致土地使用者重视眼前而不顾长远的短期行为，同时小块土地的经营管理也无助于农业生产经营规模化、社会化，其弊端和局限是显而易见的。马克思在对古代土地所有制形式做历史考察的过程中，土地国有思想逐渐变得清晰起来。

（一）《资本论》的问世标志着马克思土地产权理论走向成熟

《资本论》是马克思研究资本主义社会经济形态的巅峰之作。作为无产阶级政治经济学的光辉巨著，它的问世，标志着马克思土地产权理论走向成熟。

《资本论》以唯物史观为指导，对古典经济学家地租理论进行了逻辑分析和深刻批判，并以分析资本主义生产方式为基础，揭示了资本主义社会发展的规律。关于地租，马克思指出，“不论地租有什么独特的形式，它的一切类型有一个共同点：地租的占有是土地所有权借以实现的经济形式，而地租又是以土地所有权，以某些个人对某些地块的所有权为前提。”① 在资本主义社会，农业雇佣工人是土地的间接使用者和实际经营者，通过劳动创造的剩余价值以

① 马克思．资本论（第3卷）［M］．北京：人民出版社，1975：714.

地租的形式交给了资本家和土地所有者。地租实际上是“土地所有权在经济上借以实现即增值价值的形式”[①]，是超额利润的转化形式，反映了资本家和土地所有者剥削农业雇佣工人超经济利益的关系。

在分析地租产生的前提和基础以后，马克思还就地租形态作了更加深入研究，阐释了级差地租、绝对地租的含义、源泉、形成原因、形成过程和表现形态。第一，对级差地租的分析和研究。马克思对蒸汽动力与瀑布动力作了对比分析，认为级差地租是由于面积相同但不同的资本投入而产生的收益明显不同，其源泉是优、中等土地农业雇佣工人创造的超额利润。同时，级差地租又依据土地质量、地理区位差异和投资生产率不同而有级差地租Ⅰ和级差地租Ⅱ之分。级差地租Ⅰ以不同地块的肥力和位置的差别为条件，级差地租Ⅱ除了土地质量、区位的差异外，还以投资生产率的差别为条件。第二，绝对地租的分析和研究。土地所有者对于自己拥有的土地，不论是质量和区位，总要取得一定的地租，这种地租即是绝对地租。马克思认为，绝对地租源于土地终极所有权的垄断。由于垄断限制了资本的自由流动，阻碍了农业利润在社会各部门平均化，使农业资本有机构成低于社会平均资本的有机构成，两者间的差额便形成了绝对地租。此外，马克思还就资本主义特殊的地租形态作了分析。马克思对地租理论的阐释进一步拓展、丰富了土地产权理论的内容，使马克思土地产权理论迈上了更高台阶。

（二）《论土地国有化》使马克思土地产权理论丰富完善

1872 年初，共产国际曼彻斯特支部围绕土地国有化问题进行着较为激烈的论辩。为了澄清支部成员在土地问题上的思想混乱，欧·杜邦向恩格斯求援，希望马克思、恩格斯能就此表达自己的看法和建议。这就是《论土地国有化》写作的社会背景。

---

① 马克思．资本论（第3卷）［M］．北京：人民出版社，1975：698.

在《论土地国有化》著作中，马克思广泛地论证了土地国有化问题，表达了自己的鲜明观点。马克思批驳了法学家、哲学家和政治经济学家用“天然权利”掩盖少数人掠夺土地的原始事实，认为大规模的耕作（即集体的联合）比小块和分散的土地耕作更为优越，更有助于推动社会生产。并且指出，“生产资料的全国性的集中将成为由自由平等的生产者的各联合体所构成的社会的全国性的基础，这些生产者将按照共同的合理的计划进行社会劳动。”[①] 社会化大生产将成为资本主义社会的一种趋势，土地集中不可避免，而国有化将越来越成为一种社会必然，必将取代土地私有制，“土地国有化将彻底改变劳动和资本的关系，并最终完全消灭工业和农业中的资本主义的生产”[②]，阶级差别和少数人的各种特权也将成为历史弃儿。马克思对土地问题的理性思考和深刻分析促进了马克思土地产权理论的丰富完善。

（三）《古代社会史笔记》是马克思土地产权理论的深入推进

《古代社会史笔记》（简称《笔记》）是马克思于19世纪70年代至80年代撰写的重要著作。在《笔记》中，他一方面指出了家庭、社会组织和律法在社会制度变迁中的作用，另一方面从土地这一基本生产资料入手，在厘清土地产权制度演进发展脉络的基础上，对土地产权制度作了理论上的阐释。

《德意志意识形态》这部巨著的问世标志着马克思主义唯物史观的创立。在《笔记》中，马克思运用历史唯物主义的基本观点对土地产权制度进行了论述，并对公社土地占有制进行了分析。第一，土地产权制度发展演进不是无序的而是有规律可循的。马克思较早地涉及政治经济学领域，他对土地产权制度的研究囊括了人类社会发展的各个阶段，其演进发展既遵循着一般规律，又具有多样

① 马克思，恩格斯．马克思恩格斯全集（第18卷）［M］．北京：人民出版社，1982：65.
② 马克思，恩格斯．马克思恩格斯全集（第18卷）［M］．北京：人民出版社，1982：64.

性特征。美洲公社土地产权制度、印度古代土地产权制度、阿尔及利亚的土地产权制度等都呈现出各自特点。第二，土地产权是一种权利束，具有可分解性。土地产权理论分析旨在理顺权能各主体的产权关系以保障相关主体的经济社会权益。土地终极所有权是各项权能中最重要的权能，是土地所有制关系在法律上的体现形式。关于土地占有权问题，马克思认为，“作古的土地所有制是部落共有，……随着时间的推移，就分给单个人份地，最后就成为他们个人所有”①；土地使用权问题，随着私有制社会的出现，土地占有权和使用权逐步分离，小土地所有者丧失了土地终极所有权，仅有土地使用权得以世袭。不仅如此，马克思紧紧抓住土地终极所有权的核心问题，就由此派生的土地处置权、土地收益权、土地出租权与抵押权、土地转让权等各项权能也分别作了全面阐释，将马克思土地产权理论不断推向新的发展阶段。

① 中央编译局编译．马克思古代社会史笔记［M］．北京：人民出版社，1996：185.

第二章　马克思土地产权理论的基本内容

马克思土地产权理论是马克思主义政治经济学的重要组成部分，在其相关著述中尽管没有明确提出产权概念，但却从经济学和法学有机结合的层面对产权理论作了相当深入的研究，提出了与西方经济学家观点迥异的产权理论，“其理论比现代西方产权理论的鼻祖科斯（R. H. Coase）还早 100 多年”。[①] 何谓土地产权？简言之，指存在于土地之中的排他性权利，是有关土地财产的一切权利的总和。土地产权作为与社会生产方式相适应的历史范畴，马克思认为“土地所有权的正当性，和一定生产方式下的一切其他所有权形式的正当性一样，要由生产方式本身具有的历史的暂时的必然性来说明，因而也要由那些由此产生的生产关系和交换关系具有的历史的暂时的必然性来说明。”[②] 历史证明确如此矣！马克思土地产权理论内容丰富、思想深邃。具体言之，马克思的土地产权理论是由土地终极所有权及由其衍生出来的占有权、使用权、收益权、处分权、转让权、抵押权等多项权能组成的权利束。

① 卫兴华.《资本论》的研究对象、结构和学习的意义［J］. 当代经济研究，2002（11）.
② 马克思. 资本论（第 3 卷）［M］. 北京：人民出版社，2004：702.

第一节　土地产权权能理论

翻阅马克思大量的政治经济学著作，不难得知：马克思著述中论及的“土地产权”概念，“并不是产权制度安排的唯一选择，产权具有可分解性，是一种权利束”①，是由终极所有权及其衍生出来的占有权、使用权、收益权和处分权等权能组成的科学理论体系。而以土地终极所有权为核心构成的“权利束”，正是马克思土地产权理论最鲜明的特色。

一、土地所有权是其他权能的前提和基础

从法律层面来讲，所有权亦是财产所有权的范畴，是物权中最重要、最充分的权利。那么，何谓所有权？即指所有人依法对自己财产所享有的占有、使用和处分，并从中获得收益的权利，它具有绝对性、排他性、平等性和永续性等特征。而所有权的绝对性，即只要他人不进行非法干预或阻挠，权利就能够得到实现；所有权的排他性即所有人有权排除他人对其行使权利的干涉；所有权的平等性即具有法律给予无差别保护的物权属性；所有权的永续性即所有权的存在不能预定其存续期。土地终极所有权作为财产所有权的重要内容，土地终极所有权关系是最基本的经济关系之一，马克思在政治经济学的研究中，对土地终极所有权的确认和归属给予了特别地关注。

土地所有权又称土地终极所有权，是指土地所有人依法享有的，排斥他人的，能够按照自身的意志使用和处分土地，并从中获

① 任红霞.《马克思古代社会史笔记》土地产权制度理论诠释及其时代价值［J］.改革与战略，2016（10）：22.

得收益而为社会所认可的权利。相较于一般财产权而言，土地所有权具有主体的特定性、交易的禁止性、权属的稳定性、权能的分离性等特征。就土地所有权的理解，马克思认为从法律意义上言，是土地所有者对土地的垄断权，是法律赋予的并受法律保护的权利；从经济意义上言，土地所有者凭借对土地的垄断有获得经济收益的权利。土地所有者如何才能获得土地所有权？马克思论及于此时指出，土地所有人享有“土地所有权的前提是，一些人垄断一定量的土地，把它当作排斥其他一切人的、只服从自己私人意志的领域”。[①]“垄断”土地、“排斥”他人已经透露出相当明确的信息。何谓垄断？《孟子》曰：“必求垄断而登之，以左右望而网市利”。在中国古代，垄断谓之“榷”，一般适用于商业领域，指在市集的高地上操纵贸易。譬如，中国古时因盐、铁、茶有暴利之故，屡屡实行禁榷制度。后来该词使用趋于宽泛，引申为把持或独占。排斥也就是不相容、使其离开或不让其进入之意。由此观之，土地所有权排除土地所有人以外的他人，不论其权能如何变化，最终只受土地所有人意志的支配和控制。土地所有权表现为公有和私有两种基本形态。而关于土地所有权及其关系，马克思作了历史的考察和梳理。第一，古代社会的土地所有权关系经历了由“共同占有”到“个人占有”的变化。无论是东方亚细亚生产方式还是西欧古代生产方式，土地所有权关系差异不大，是原始公社时期生产方式的集中体现和反映。公社作为人们生活的共同体，是土地的占有主体，而这种占有具有普遍性，即人们生活的共同体对土地拥有无可争辩的所有权，共同体成员只能以公社成员的身份占有并使用属于自己的一份土地。不仅如此，马克思还探讨了土地所有权关系的形成。他认为，原始公社时期，共同体拥有土地所有权基于自然方面的因素，是在观念因素和事实因素的媾和互动中形成的。观念因素即土

① 马克思．资本论（第3卷）［M］．北京：人民出版社，2004：695.

地源于大自然或上帝的恩赐，任何人不能所得而私；事实因素即基于约定的习俗传统，此共同体对彼共同体土地发现权、先占权的接受和认可。到古罗马时代，原始公社制度走向瓦解，土地公社占有开始向土地个人私有转化。土地所有权既表现为个人的经济权利，同时还是一种基本人权，“罗马公民，对公有地有（至少是）观念上的要求权，而对于若干罗马亩的土地等等则有实际上的要求权。”① 古罗马的土地所有权不同于古代社会的特点是，个人或家庭成为土地所有者，而土地所有权的普遍性表现为凡是法律上的自由人都拥有土地所有权，自由人既是土地所有者亦是直接从事农业生产的劳动者。第二，资本主义社会的土地所有权关系从劳动者个人所有权向资本所有权的变化。资本主义生产方式的出现，将罗马时代形成的土地所有权关系封存于历史的烟云当中。“正是在土地所有权的发展中才能研究资本逐步取得的胜利和资本的形成，由于这个缘故，现代的经济学家李嘉图为了确定资本、雇佣劳动和地租的关系的特殊形式，以伟大的历史眼光把这些关系放在土地所有权范围内进行了考察。”在《资本论》中，马克思将资本主义的经济结构描述为“土地所有权—资本—劳动”以及“地租—利润—工资”两个“三位一体”但随着资本对土地所有权的渗透，“三位一体”演变为“资本—劳动”“利润—工资”的“两位一体”。事实表明，对资本的理解离不开资本主义土地所有权关系的科学把握。在资本主义社会，真正占有土地的是资本所有者，而从事生产的劳动者丧失了土地，土地集中并不断资本化，使土地成为资本所有者剥削雇佣农业工人、获得剩余价值的手段。而资本主义土地所有权关系又是怎样形成的呢？从根本上说，它是生产力和生产关系的基本矛盾运动的产物，暴力掠夺促进资本原始积累、资本渗透使土地集中而转化为资本、法律默许让资本主义土地所有权合法化等三种途径是

① 马克思，恩格斯．马克思恩格斯全集（第46卷）[M]．北京：人民出版社，1982：518.

其具体的反映形式。其实，在《古代社会史笔记》中，马克思借助“猴体解剖”的研究方法，在深入研究原始公社时期土地所有制关系的过程中认为，土地所有制的变迁既受到人类实际需要和生产力发展的推动，又与外力干预、习俗影响和文化渗透等综合因素密切相关，而生产力是各种因素中最主要的因素，“根据祖里塔（苏里塔?），属于各个氏族和家庭的份地的大小，以领导着某一个个体集团（家庭或居住区）的人物的身份为转移，以该集团本身的需要和生产力为转移”[①]。而此认识，与《资本论》中的相关论述是基本一致的。

以土地所有权为基础和前提，马克思还就占有权、使用权、收益权和处分权等土地所有权的衍生权能作了较为深入的解剖和分析。

二、衍生权能是土地所有权的具体体现

在分析和研究土地所有权这个基本经济问题的基础上，马克思对其作了详细展开和进一步阐释，提出了土地占有、使用、收益和处分等权能概念，这些权能不是独立的，而是从土地所有权中衍生出来的。

占有是经验性的实证概念，表达了主体对物事实上的控制和支配状态。何谓占有？即主体对物的实际掌握、拥有和控制。土地占有权是指经济主体实际掌握、控制土地的权利，这种权利表现为一种持续的状态。土地所有权是土地产权中最核心的权利，土地占有权是土地所有权的衍生权能，来自现实中的社会经济关系，“并不会被个人意志所驱使，这是土地所有权和土地占有权区别的根本所在”。[②] 马克思在《公社和以公社为基础的所有制解体的原因》中谈

① 中央编译局编译．马克思古代社会史笔记［M］．北京：人民出版社，1996：102.

② 韦向阳，钱方圆．马克思土地产权理论对我国农村土地制度改革的启示［J］．阜阳师范学院学报，2016（02）：2.

到土地占有时强调指出，“实际的占有，从一开始就不是发生在对这些条件的想象的关系中，而是发生在对这些条件的能动的、现实的关系中，也就是实际上把这些条件变为自己的主体活动的条件。”① 土地占有权不是经济主体凭借个人意志想象出来的，而是通过实际的经济活动体现出来的。某种程度上说，“占有”事实上先于或优于“所有”。在人类社会初期，土地等生产资料被视为天然物，归原始公社成员共同占有，作为人们共同生活的公社组织享有绝对的土地处分权，而公社成员可以占有土地并使用土地，但并不具有土地处分权。至父系公社时期，伴随着生产力的进一步发展，公社有了剩余产品，私人占有成为一种可能，于是出现了私有产权。私有制是在父系氏族公社内部孕育成长起来的，它的发展造成了公社走向解体，土地等生产资料由公社所有转向个人所有和支配、控制。在发展演进的过程中，阶级社会出现，产生了国家统治机器。在阶级社会里，一切土地归最高统治者所有，通过分封等多种制度形式将土地分配给其他统治者。在土地私有的社会里，土地所有者只是名义上或法律上享有土地处分权，占有权让渡给直接从事生产经营的主体，一般情况下也不直接参与土地的使用，而是由占有和使用土地的主体直接参与生产过程。生产经营主体凭借占有权、使用权从事具有实际意义的生产经济活动，而土地的终极所有者却扮演不劳而获的食利者角色，通过地租、赋税等形式剥削压迫生产经营主体。

在马克思的经典著述中，虽然没有明确出现土地使用权一词，但从字里行间看，与土地使用权密切相关的概念却较为常见。土地使用权是土地产权中最重要的权能，指使用主体依据法律规定或合同约定，按照自己的意志对土地加以利用或不利用的权利。在人类社会混沌初开之时，土地使用权与土地所有权、占有权是紧密结

① 马克思，恩格斯．马克思恩格斯全集（第46卷）［M］．北京：人民出版社，1982：493.

合、不可分割的，土地归原始公社所有，公社成员享有占有和使用的权利。作为相对独立的一项权利，土地使用权源于土地转让现象的出现，土地使用权人通过一定的经济形式从土地所有权人那里取得了使用土地的权利。马克思在考察地租的表现形式时，就直截了当地说："为取得土地的使用权（无论是为生产的目的还是为消费的目的）而以地租名义支付给土地所有者"①。由此可见，在剥削社会里，地租就是土地使用权人取得土地使用权的重要表现形式。

土地处分权是土地运行的主要形式，指土地所有权人或非土地所有权人依据法律规定或在事实上支配土地的权利，具体包括土地出售、土地出租、土地赠予、土地抵押等诸项权力。马克思认为，土地处分权可以从最初处分权和最终处分权两个层次来认识和把握。其中，最初处分权发生在生产过程之前，作为土地所有权人可以按照自己意志"像每个商品所有者处理自己的商品一样去处理土地"②，考虑其去向、决定其用途。土地是自用，还是出售、出租、抵押，由自己决定而不受他人干涉。而土地的最终处分权则"发生在土地所有者把土地出租给他人使用，并在租约期满之后"③，即发生于整个生产经营活动的终端。在论及土地最终处分权时，马克思告诫说："不要忘记，在通常 99 年为期的租约期满以后，土地以及土地的一切建筑物，以及在租佃期内通常增加一两倍以上的地租，都会从建筑投资家或他的合法继承人那里，再回到原来那个土地所有者的最后继承人手里。"④ 出租的土地，即便租约尚未到期，租佃人也只享有有限的处分权，而一旦租约期满，租佃人对土地不再享有任何处分权，土地所有者才是唯一的处分权行使权利人。不仅如此，马克思还对土地处分权作了进一步地延伸和拓展，引出了土地

---

① 马克思．资本论（第3卷）［M］．北京：人民出版社，2004：714.
② 马克思．资本论（第3卷）［M］．北京：人民出版社，2004：696.
③ 洪名勇．论马克思的土地产权理论［J］．经济学家，1998（01）：32.
④ 马克思．资本论（第3卷）［M］．北京：人民出版社，2004：876.

继承权问题。马克思认为，在野蛮时代的高级阶段，商品数量大增而为个人所有以后，继承问题变得越来越迫切，“一旦土地成为财产对象并把土地分给单个人从而导致了个人所有，父方宗亲继承法就必然被取代——被第三种主要继承法取代，即将死者的财产分给他的子女。”[①] 而这种财产继承权并非某方面权能的继承，而是包括以土地所有权为核心的各项土地产权。

土地收益权是土地产权的落脚点，指土地产权主体依据法律规定或合同约定，对自己享有的那部分权能从管理经营主体手中获得一定经济收益的权利。事实上，一切经济活动都是围绕创造经济收益而展开的。土地所有权人、土地占有权人和土地使用权人，直接从事生产经营也好，部分权能转让他人间接从事生产经营也罢，都是为了从中获得经济收益。马克思在《资本论》《古代社会思想史笔记》中用大量篇幅就此问题进行了多次讨论。在奴隶社会，奴隶主迫使奴隶在自己掌握和控制的土地上劳动，是为了获得奴隶创造的劳动产品；在封建社会，地主将自己的土地租给没有或仅有少量土地的农民生产经营，旨在从中抽取地租；在资本主义社会，土地所有者通过让渡土地占有、使用等权能索取适额的地租，租地农场主通过土地的生产经营获得较为可观的经营利润，而资本家则通过资本大量投资使土地资本化，继而从中榨取农业雇佣工人创造的剩余价值。

土地地租权是马克思土地产权权能理论中不可或缺的组成部分，是指土地所有权人凭借土地所有权从土地使用权人手中获取的经济收入，将土地租给别人使用的权利。地租是《剩余价值论》《资本论》著作中浓墨重彩的一笔。地租是土地所有权在经济上的实现形式，是土地所有权人从土地使用权人手中收入的价金。在《古代社会史笔记》中，马克思这样写道：“农民住宅所在的土地以

---

① 中央编译局编译. 马克思古代社会史笔记［M］. 北京：人民出版社，1996：186-187.

及周围的不大的地块，是从上级占有者那里租用的，住宅土地的通常租金是每年1、1～4、1～8卢比，宅旁地块的租金则少一些”①。

上述权能仅是马克思论及的土地产权的主要权能。此外，马克思就土地抵押权、土地转让权等也作了相应的论述。土地抵押在野蛮时代的高级阶段等，就已经出现了，这种抵押权是被马克思称作“附有有益权”的抵押，不至于对土地本身造成损害；在研究柴明达尔制度时，马克思已经注意到：“孟加拉的土地占有者，财产所有者、柴明达尔，不管还叫什么名称，在他们想要筹集钱款或者让渡一项利益的时候，他们就都得按照这些或者类似的办法处理他们的产业”②，而这种转让包括土地所有权人土地所有权的转让和土地其他权能主体的权能转让两种情形。

由此不难而知，土地各项权权能中，土地所有权是最重要、最核心的权能，其他权能都是由其衍生而来的。马克思关于土地产权的认识和把握，突出了视阈狭窄的局限，摆脱了古典政治经济学派的思想禁锢，促进了土地产权权能更趋丰富多样，也为土地在权能主体间的自由流动和最大效用的发挥营设了广阔空间。不仅如此，土地产权理论的丰富完善在理论层面为土地产权权能结合与分离理论的提出创造了理论前提。

第二节　土地产权权能结合与分离理论

认真阅读马克思关于土地产权的精辟论述不难发现：围绕着土地所有权这一权能核心，各项衍生权能既可以附着于土地所有权，构成权利束整体运行，亦可从权利束中分离出来，在独立运行或组

① 中央编译局编译．马克思古代社会史笔记［M］．北京：人民出版社，1996：372.

② 中央编译局编译．马克思古代社会史笔记［M］．北京：人民出版社，1996：398-399.

合运行中分属于不同的权能主体。《资本论》中载有这样一句话："在苏格兰拥有土地所有权的土地所有者，可以在君士坦丁堡度过他的一生。"[①] 土地终极所有权排他性、垄断性的特征决定了土地所有权人可以依据自身意志让渡土地占有权、使用权等衍生项权能，无需直接参与生产过程而从中获得收益。但是，各项权能独立运行与组合运行不是无章可循，而是遵循经济活动的基本原则，即助于权能主体实现经济利益，又能够在分离与组合的运行中形成新的经济关系。

在《政治经济学批判》《资本论》和《古代社会史笔记》等政治经济学著述中，马克思在考察不同生产方式下土地产权的过程中，对原始公有制结构下土地产权结合为一体的运行模式、私有制结构下土地所有权与其他权能分离的运行模式和公有制结构下土地所有权与其他权能分离的运行模式等三种情形进行了详细描述和分析。

一、原始公社制度初期，土地产权结合为统一整体的运行模式

原始公社制度是人类演进发展的历史长河中第一个社会形态，是漫过原始群而过渡到"完全形成的人"的社会形态。在原始公社制度下，由于生产力水平极其低下，生存环境相当恶劣，原始人只能结成公社共同体，共同占有土地等生产资料，依靠集体劳动获取极为有限的生活资料而维持生存。在原始公社制度下，土地所有权及其衍生的占有权、使用权、收益权和处分权等诸项权能结合为一个统一整体，归公社共同体享有并由公社共同体控制和支配。这种土地产权结构具有三个特点：第一，权能主体具有唯一性。土地所有权人具有多重身份，既扮演土地所有人的角色，又是土地的实际占有者和使用人，也是唯一的收益和处分权人。即便发展到父系氏

① 马克思．资本论（第3卷）［M］．北京：人民出版社，2004：697.

族公社时期，土地产权的权能主体由公社共同体逐步向共同体成员的过渡，土地所有权与其他权能仍然结合在一起。第二，土地所有权是土地产权的其他权能顺利运行的核心和基础，为生产活动、经营管理提供了最直接的条件。马克思在《政治经济学批判》《资本论》中以小块土地的产权为例，对土地所有权的基础地位做了说明。马克思指出："在我们所考察的场合，生产者——劳动者是自己的生产资料的占有者、所有者。"[①] 就小块土地而言，劳动者是土地的自由所有者，凭借于此，他们不仅对这块土地享有占有权，而且享有使用权、收益权和处分权。土地作为劳动者最重要的财产，是他们的特定的生产工具，是从事劳动和资本运行不可缺少的活动场所。而对土地的占有又是劳动者从事生产的直接条件，这种占有是建立在土地所有权基础上的。如果丧失了土地所有权，劳动者也就失去了其他土地产权，将变得一无所有。第三，对土地拥有完全产权是土地产权得以彻底实现的经济形式。父系氏族公社后期，伴随着生产力的缓慢发展，劳动产品开始出现剩余，小块土地成为共同体成员的私有财产，成员对这块土地享有占有、使用、收益、处分等权利。小块土地各项权能结合的现象即便过渡到私有制的阶级社会，依然存在。譬如，在资本主义私有制下，如果拥有土地所有权的农场主直接参与生产过程，情况也与此大体相同。由于土地所有权和占有权、使用权和处分权结合为一体，农场主对此拥有完全的土地产权，他可以获得自己土地上产出的所有收益，而这种收益包括"给付自己的地租+从事生产活动取的扣除地租的剩余收益"。

二、私有制结构下，土地所有权与其他权能分离的运行模式

"有效的产权制度并不意味着所有的权利束都集中于同一主体，

① 马克思，恩格斯．马克思恩格斯全集（第26卷）［M］．北京：人民出版社，1972：440.

而是恰恰相反，成功的制度安排往往表现为权利的适当分解。”① 随着生产力发展和土地关系的变化，统一于同一主体的土地产权的各项权能走向分解，不再具有封闭性的特征，客观上产生了土地产权的不同权能关系。

所谓土地所有权与土地其他权能分离运行的模式即在土地私有制结构下，其他土地产权不与土地所有权结合，分离开来并独立运行的状态。土地产权的这种运行模式呈现出自己的特点：第一，形成了土地产权主体多元化的格局。从法律层面上说，土地具有多项权能，而这些权能既可以归属单一主体，亦可以归属不同主体。土地私有制的出现为土地产权分离提供了条件，土地占有权、使用权和收益权与土地所有权分离并被不同的权能主体享有。这些不同的权能主体分别称为土地所有者、土地占有者、土地使用者和土地收益人等，就土地的经济收益，彼此是存在冲突甚至是根本对立的。就此，马克思以封建社会的土地产权关系作了阐释。马克思说：“农民作为直接生产者不是所有者，而只是占有者。”② 在封建社会，封建土地所有制是地主阶级统治被压迫阶级的根本基础，地主阶级掌握着绝大部分土地，是真正的土地所有者，而直接从事生产活动的农民仅是土地的临时占有者，是从事生产劳动的使用者。农民没有土地或只有少量土地，仅仅依靠少量的土地根本无法维持生活，不得不租种地主的土地。租种地主的土地，旨在取得地主土地所有权衍生的占有权、使用权等权能，就需要向地主缴纳一定的地租。在这里，地租是地主凭借土地所有权从土地使用者那里获得报酬，而这种报酬源于农民辛勤劳动而从地主土地上获得的绝大部分收益，地主通过收缴地租实现了土地所有权人身份的经济意义。在整个生产过程中，土地上的收益权通过交给地主的地租和农民微薄的

---

① 王昉．马克思的土地产权理论与传统中国社会农村地权关系［J］．理论前沿，2008（15）：20.

② 马克思．资本论（第3卷）［M］．北京：人民出版社，2004：896.

收益体现出来。第二，土地产权主体间的关系是通过现实的经济关系串联起来的，具有复杂性的特点。譬如，土地所有权人即地主与土地的实际占有者和使用者即农民，彼此是出租人与承租人的关系，租赁关系将两个独立的权能主体联系在一起。承租人与转租人通过转租关系将彼此联系起来。不仅如此，在整个生产过程中，因复杂的经济关系，还可能会有更长的经济关系链条。譬如，出租人、承租人、转租人等多个权能主体的复杂交错关系。第三，地租是土地所有权在经济上的实现形式，是土地产权主体实现权能利益的重要手段。在私有制结构下，土地所有权人一般不直接参与生产过程，土地所有权与其他土地产权相互分离，谁拥有土地使用权谁就从土地上获得收益，那么，非土地使用权人又通过什么方式来实现自身的经济利益呢？非土地所有权人凭借法律规定的权能身份，掌握、控制着土地，或对土地享有支配权，这样就可以通过土地出租收取地租实现其经济利益。马克思所说："地租的占有是土地所有权借以实现的经济形式，而地租又是以土地所有权，以某些个人对某些地块的所有权为前提。"① 在此基础上的适度延伸，土地其他权能主体也利用地租实现了权能赋予的经济上的利益。

三、公有制结构下，土地所有权与其他权能分离的运行模式

到原始社会末期，在人类步入私有制社会的前夜，附着于土地之上的各项权能归属已经出现了明显的变化。在生产力的发展过程中，原始公社制度逐步趋向瓦解，尽管土地所有权仍属于公社共同体，但土地占有权已呈现出向次级共同体和公社成员过渡的趋势。马克思在《古代社会史笔记》中，以亚细亚生产方式下的土地公有制为例作了较为客观的描述。在古代东方亚细亚生产方式下，土地产权分离主要表现为两种情况：第一种情况，土地所有权属于人们

① 马克思．资本论（第3卷）［M］．北京：人民出版社，2004：714.

共同生活的社会组织，而土地占有权已经分属于公社共同体内部更小的共同体。伴随着社会的进一步发展，人类生活的公社共同体规模越来越大，由最初小的生活单位氏族公社，逐步形成部落，继而出现了部落联盟这种更大的社会组织。在这种情况下，土地产权的运行已经有了明显变化。马克思在谈到亚细亚生产方式下的土地产权时明确指出："凌驾于所有这一切小的共同体之上的总和的统一体表现为更高的所有者或唯一的所有者，实际的公社却只不过表现为世袭的占有者"[①]。第二种情况，公社共同体拥有土地所有权，土地占有权已经分属公社共同体内的其他成员。在亚细亚土地公有产权制度下，土地所有权没有发生根本变化，即公社成员"是公共财产的共有者"[②]，以公社所有的形式反映出来，但是占有权、使用权却已经从所有权中分离出来。马克思所谈到的，"在亚细亚的（至少是占优势的）形式中，不存在个人所有，只有个人占有；公社是真正的实际所者；所以，财产只是作为公共的土地财产而存在"[③]，即是此种情形的客观陈述。

马克思不仅探讨了亚细亚生产方式下土地所有权与其他权能分离的情况，还就土地国有制度下的土地产权作了分析。国家是社会生产发展到一定历史阶段才出现的，作为土地终极所有权最权威的、唯一的主体，是与直接从事农业生产的劳动者相对立的最大地主，对管辖范围内的所有土地行使着绝对的主权。"主权就是在全国范围内集中的土地终极所有权"[④]，但是土地产权也不是高度统一的，各项权能都集中于国家手中，而呈现出一种分离状态。在土地国家所有制度下，赋税就是土地终极所有权在经济上的实现形式。

不容忽视的是，马克思在研究土地产权结合与分离理论时，也

① 马克思．资本论（第3卷）［M］．北京：人民出版社，1976：473.
② 马克思，恩格斯．马克思恩格斯全集（第46卷上）［M］．北京：人民出版社，1979：484.
③ 马克思，恩格斯．马克思恩格斯全集（第46卷上）［M］．北京：人民出版社，1979：471.
④ 洪名勇．论马克思的土地产权理论［J］．经济学家，1998（01）：32.

注意到，随着生产力的进一步发展，越来越多的农业劳动者将从被土地束缚的状态下彻底解放出来，土地所有权人的地位也就随之弱化了。伴诸于此的是，土地其他的产权权能主体则更趋活跃，这种趋势随着生产社会化和市场经济的发展完善而变得愈发明显。

第三节　土地产权交易商品化和配置市场化理论

客观地说，土地产权是否属于商品，马克思在政治经济学的研究著述中并没有相当明确的表述。尽管如此，却丝毫不妨碍马克思将土地产权当作商品进行分析研究的客观事实。马克思认为，在商品经济条件下，土地产权作为一种特殊的商品，就像资本一样，“变成了支配无酬劳动，无代价劳动的凭证”①，可以进入到经济活动领域，参与市场化配置。而“土地产权商品化”又为“土地产权配置市场化”提供了理论前提和基础，土地产权配置市场化是土地产权商品化的必然结果。反之亦如此矣！

一、土地产权是可用于交换的特殊商品

土地具有自然属性和社会经济特性的两重性。土地的自然属性涉及不可替代性、资源有限性、位置固定性、质量差异性和永续利用相对性等主要方面，而其社会经济特性包括供给的稀缺性、用途的多样性、价值的增值性、报酬递减的可能性和明显的产权权能特性。正是基于土地的两重性特征，使土地产权在特定条件下变为商品成为一种可能。

---

① 马克思，恩格斯．马克思恩格斯全集（第26卷）［M］．北京：人民出版社，1973：36.

（一）在商品经济条件下，土地产权是一种特殊的商品

何谓商品？马克思在《资本论》中用了大量的篇幅对此作了阐释。商品作为一种“外界的对象”，指能够满足人们某种需要的，用于交换的劳动产品。就商品的属性而言，使用价值和价值是它的基本属性，价值即凝结在商品中的无差别的人类劳动是商品的社会属性、本质属性，而使用价值即满足人们某种需要，是商品的自然属性。倘若仅作简单地理解，土地是一种自然物，法律赋予土地之上的产权权能并非是人类劳动创造出来的社会产品，因而不宜将土地产权纳入商品范畴。但是，土地的两重性特征决定了它与其他自然物有着根本的区别。土地作为关系人类生存发展最基本的生产资料，是人类不可或缺的重要资源，以农业为主的传统农业社会尤其如此。在自然经济为主的社会里，生产是为了直接满足生产者个人或经济单位的现实需要，从生产资料到消费资料的整个过程基本能够自给。因此，在自然经济条件下，经济交换只是作为人们生产生活的必要的有益补充而客观存在着。

随着社会生产力的不断发展，社会分工越来越趋于独立化、专业化，生产资料和产品属于不同的物质利益主体所有，已经成为一种普遍的经济现象。当生产力发展到社会化大生产阶段，商品经济逐渐地代替了自然经济而成为社会的主要经济形态。商品经济是直接以交换为目的的经济形式，就其本质而言，商品经济就是交换经济，绝大部分的生产要素和消费资料都需要通过市场交换才能获得，商品生产者旨在通过市场交换实现价值增值和利益积累。在商品经济条件下，一切物体包括自然物，有形的与无形的，譬如服务、品牌形象等都可以进入到生产环节和流通领域，成为交换的劳动产品。马克思认为，在商品经济条件下，土地产权不仅是人们收入的源泉，而且作为一种产权和产权主体获取收益的一种手段，被逐渐地商品化了。不过相较于其他商品而言，土地产权是一种特殊的商品罢了。

（二）土地产权商品化是产权主体获得收益的有效方式

在私有制社会里，生产资料归私人占有，土地作为生存发展的重要资源，所有权被绝大少数人牢牢地掌握在手中，“一些人垄断一定量的土地，把他作为排斥其他一切人的、只服从自己个人意志的领域”①。土地所有权人依靠自己控制的土地所有权等权能，通过土地产权转让而无需劳动就能够获得经济收益。与此同时，需要土地的绝大多数人因为不是土地所有权人，为了维持生活、获得发展，不得不通过租赁、抵押等方式从土地所有权人那里取得土地占有权和使用权，继而通过生产劳动获得微薄的收益。土地交易商品化使土地具有了商品交换价值的属性，从而为土地产权主体获取更大的收益创造了有利条件，“在这里，社会上一部分人向另一部分人要求一种贡赋，作为后者在地球上居住的权利的代价，因为土地所有权本来就包含土地所有者剥削土地，剥削地下资源，剥削空气，从而剥削生命的维持和发展的权利。”② 在商品经济发展相对成熟的资本主义社会，土地分割、私人占有的状态已经不能适应社会化大生产的需要，土地商品化成为一种必然趋势。而一旦土地产权交易商品化被社会承认和接受，土地所有权人就可以凭借掌握的所有权作为生产条件占有被产业资本家榨取的无酬劳动的一部分，于是剩余价值就会在产业资本家和土地所有权主体之间进行分割，他们分别以某种形式无偿地占有了劳动者创造的社会财富。

二、市场是实现土地产权优化配置的有效手段

在商品经济运行模式下，市场犹如一根无形的指挥棒，在土地要素资源的流动和配置中居于核心地位，发挥着决定性作用。马克思认为，从土地产权的市场交易性、价值增值性以及土地固有自然

① 马克思．资本论（第3卷）［M］．北京：人民出版社，2013：656.

② 马克思．资本论（第3卷）［M］．北京：人民出版社，2004：721.

属性的多向角度审视，土地资源市场配置说到底是土地产权的市场配置。在商品交易市场上，土地产权“借助于商品的各小部分的所有权证书，商品能够一部分一部分地投入流通”[①]。马克思就土产产权配置市场化的论述围绕“土地产权市场配置的途径和土地产权价格”等两个核心问题逐步展开。

（一）土地产权市场配置的方式和途径

土地产权究竟如何配置？对历史镜头稍作回放或许我们能从中有较大收获。在原始公社制后期，土地和土地产权依然统一归公社共同体所有，公社根据集体意志保留土地所有权，并按照“集体所有、成员占有”的原则将土地配置给公社成员使用。伴之私有化进程推进，绝少数人采取强取豪夺、兼并吞食等方式将大量的土地逐渐集中到自己手中，成为土地所有权人。在土地少数人所得而私有的社会背景下，出租是土地产权配置的最主要方式，而土地买卖仅是作为其中的必要补充。在自给自足的自然经济形态下，土地产权的这种配置方式尚有较大的生存空间。但是，随着生产力发展和经济形态的兴衰更替，出租土地产权的配置方式已经变得与之不相适应。

商品经济的不断发展导致了商品进入流通领域的环境条件就越来越充分、越来越趋于成熟。当商品生产和商品交换发展到由市场进行控制和调配时，表明商品经济已经达到了市场经济阶段。而资本主义社会化大生产阶段的商品经济就是由市场主导资源配置的经济形式。不容回避地说，市场经济作为资源配置的基本手段，是最具效率和最具活力的经济运行载体。那么，在市场经济条件下，土地产权又是如何配置的呢？

马克思在土地产权市场配置的研究中认为，土地部分产权出租或转让和土地全部产权出让、买卖是两种最有效的市场配置方式。

---

① 马克思，恩格斯．马克思恩格斯全集（第46卷下）［M］．北京：人民出版社，1982：446.

第一，土地部分产权出租、转让。不可否认，市场是资源配置的有效方式，借助市场配置有助于资源发挥其最大效用。而市场配置资源的空间在哪？资源供给与资源需求处于失衡状态的条件下才有可能发生。市场配置土地产权亦是如此矣！一方面，土地所有权人虽然掌握着土地所有权，但是土地所有权本身是不能创造价值和带来收益的，其收益源于土地出租、权能转让。土地所有权人在保留土地所有权的前提下，并将土地占有权和使用权转让他人才能从中获得收益。另一方面，非土地所有权人基于资本增值和经营管理的现实需要，占有、使用土地是一种有效选择。因而需要从土地所有权人手中租赁土地。这其实就是土地产权供给和需求之间的一种失衡现象。在市场经济条件下，市场就是实现土地产权供需平衡的最有效手段。尚需要提及的是，土地产权转让不是简单的土地所有权人转让土地占有权、使用权，其他土地产权主体根据土地权能市场供需状况，促进土地产权的二次出租、转让。而这样做，不仅能给土地权能主体带来收益，也有利于土地权能的优化配置、有效配置。

第二，土地全部产权出让、买卖，这是土地所有权人行使土地处分权的一种外在表现。土地产权的各项权能中，所有权是核心和基础，占有、使用等权能都是由此衍生出来的。因此，可以这样认为，土地全部产权出让、买卖实际上就是土地所有权的出让、买卖。土地所有权作为商品，由甲出让给乙，其他土地产能就随着土地所有权一起出让了，不存在只出让土地所有权而保留占有权、使用权的现象。出让、买卖实际上是土地所有权人行使土地处分权的一种外在表现。“土地的买者把这个资本正好付给了卖土地的人”①，从而取得了土地所有权；伴诸于此，土地所有权人通过出让土地所有权，获得到货币资本导。由此可见，土地产权买卖实质上是土地产权和货币产权的相互让渡，而这种让渡伴随市场经济的发展而趋

① 马克思．资本论（第3卷）［M］．北京：人民出版社，2004：911.

于复杂化、常态化。

（二）土地产权价格是由社会劳动的发展决定的

土地产权进行流动领域成为商品，也就具有交换价值和价值。交换价值体现为土地的有用性，能够满足人们的某种需要，那么土地的价值又通过什么体现出来呢？价格是商品价值的货币表现形式并以价值为基础的。土地产权作为一种特殊的商品进入市场流通，“变成一种交易品”[①]，也就丧失了不动产的某些性质，土地价格成了货币的表现形式。马克思认为，单纯地从表象来看，土地价格是交易双方通过协商的方式确定下来的，但从土地价格确定的整体深入研究，土地价格并非取决于交易双方的真实意思表示，而是由社会劳动的发展决定的。社会劳动的发展必然会引起土地产权供需关系的变化。当土地产权求大于供时，土地产权价格就会上涨；反之，土地产权的价格就会下降。这不是由人的意志控制的，而是遵循着土地产权运动的特殊规律。

第四节　土地所有权重要的实现形式——地租理论

地租是土地收益权的重要体现，是土地所有权的重要实现形式。在《资本论·超额利润转化为地租》的篇章中，马克思对地租产生的原因、地租的来源和地租的本质等一系列问题进行了详细论述，尤其是对资本主义社会地租的剖析相当精辟。对资本主义社会地租的研究，马克思作了两个大胆假设：其一，资本主义生产方式作为占主导、支配地位的生产方式，决定着农业发展的方向和进程；其二，资本跨部门转移和自由竞争的程度相对成熟。以此为基

① 马克思，恩格斯．马克思恩格斯全集（第1卷）［M］．北京：人民出版社，1972：148.

础，马克思展开了对地租理论的分析和研究。

一、地租是土地所有权与土地其他权能分离运行中产生的

古典政治经济学派创始人威廉·配第在撰写的《赋税论》指出，地租是劳动产品扣除生产投入维持劳动者生活必需后的余额，是剩余价值的真正表现形态。以此为端，地租成为经济学家们关注的重要议题。李嘉图、穆勒等西方经济学家在围绕地租议题的研究中，就地租产生的原因作了分析。他们将地租产生的原因归于不同土地生产商品产量的差异。由于土地的肥沃、贫瘠状况，即便人们付出同样的生产劳动，土地产量亦是不同的。肥沃土地上产生的利润就是地租。亦有经济学家认为，不同土地生产商品的质量差异也会产生地租。西方经济学家关于地租产生原因的剖析和研究，尽管尚显初浅，观点也有些偏颇，但其间蕴藏的合理内核却为持续研究提供了有益参考和借鉴。

马克思在批判西方经济学家地租理论的过程中，善于摒弃其间糟粕、吸收其中营养。他认为，地租是土地所有权借以实现的经济形式，“真正的地租是为了使用土地本身而支付的，不管这种土地是处于自然状态，还是已被开垦”①，并不包括土地的平均利润和劳动者收益的扣除部分。私有制的确立和巩固，使土地其他产权逐步从土地所有权中分离出来、独立运行。在资本主义生产方式下，社会化大生产使其他土地产权从所有权中完全分离出来，而这种分离使土地所有权“摆脱了一切传统的附属物”②，并取得了纯粹经济的形式。同时，在资本主义条件下的农业生产过程中，形成了“三个既相互对立又相互并存的阶级，即产业资本家、土地所有者、雇佣

---

① 马克思．资本论（第3卷）［M］．北京：人民出版社，2004：699.

② 马克思．资本论（第3卷）［M］．北京：人民出版社，2004：719.

工人”[①]。土地所有者拥有土地所有权，凭借土地垄断权，可以通过土地其他权能的出租或转让，无需付出劳动即可取得收益；而产业资本家拥有大量的资本，取得土地其他权能是扩大生产规模、实现资本增值的必要条件。土地产权供给需求关系的存在为土地产权交易创设了前提和基础，土地所有权人保留土地所有权，并通过市场将土地其他权能转让给产业资本家。在土地产权转让的过程中，地租成了获取收益的经济实现形式，农业雇佣工人丧失了土地等基本生产资料，不得不受雇于产业资本家，沦为创造地租的生产工具。

二、地租是土地所有权借以实现的经济形式，是一种超额利润

法律上的土地所有权和经济上的土地所有权是土地所有权的两种基本类型，经济上的土地所有权以法律上的土地所有权为基础。在土地权能运行的过程中，倘若不能实现前者到后者的转化，就土地所有权人而言，即便拥有土地所有权也毫无意义。当论及于此时，马克思指出，“不论地租的特殊形式是怎样的，它的一切类型有一个共同点：地租的占有是土地所有权借以实现的经济形式，而地租又是以土地所有权，以某些个人对某些地块的所有权为前提。”[②] 农业雇佣工人受雇于产业资本家，是实际上的土地占有者和使用人，他们通过生产劳动创造的剩余价值，被分为两个部分，一部分以平均利润的形式被产业资本家无偿占有，而另一部分即超额利润被产业资本家以地租形式交给了土地所有权人，“土地所有权人依靠它对土地的垄断权，也按照相同的程度越来越能够攫取这个剩余价值中一个不断增大的部分，从而提高自己地租的价值和土地本身的价格”[③]。由此可见，地租实际上表现为农业雇佣工人生产劳动中创造的超额利润，是总利润中对租地产业资本家所得到的“平

① 马克思．资本论（第3卷）［M］．北京：人民出版社，2004：698.
② 马克思．资本论（第3卷）［M］．北京：人民出版社，2004：714.
③ 马克思．资本论（第3卷）［M］．北京：人民出版社，2004：719.

均利润”的扣除，“体现了在剩余价值分割上土地所有者与产业资本家的关系，同时也体现了雇佣工人被产业资本家和土地所有者共同剥削的残酷现实。”[①] 不仅如此，马克思还指出，在资本主义社会，产业资本家进入农业活动领域的最终目的在于实现资本最大增值，也就是为了获得更多的平均利润，然而“地租的量，也即土地的价值，是社会总劳动的结果，随着社会劳动的积累而不断发展”。[②] 伴之土地产品需求和市场规模的不断扩大，土地资源供给变得越发紧张起来，土地所有权人就借机抬高地租价格，更多地占有了产业资本家获得的平均利润。在这种情况下，产业资本家不得不将目标瞄向农业雇佣工人，最大限度地攫取农业雇佣工人应该得到的最低工资，以满足自己获得平均利润的需要。

三、地租资本化形成土地价格

正是基于对土地所有权人抬高地租现象的关注，马克思就土地价格也进行了较为深入的研究。在资本主义社会，随着资本渗透和市场经济发展，土地所有权人已经不满足于坐收地租，他们还通过直接销售土地的方式获得高额利润，从而使土地更趋商品化。土地价格即“资本化的地租”[③]，“土地价格不外是资本化的因而是预期的地租”[④]。也就是说，在资本主义社会，土地价格并非土地本身的销售价格，“而是土地所提供的地租的购买价格，它是按普通利息率计算的”[⑤]，是现实的地租关系的特定反映形式，并非商品的价值或土地所有权人的主观意志所能决定的。

此外，马克思在前人研究的基础上，还就绝对地租和级差地租等地租基本类型做了研究。基于前面已略作阐释，故此不再赘述。

---

① 葛扬．马克思的土地所有权与地租理论研究［J］．经济思想史评论，2010（02）．

② 马克思．资本论（第3卷）［M］．北京：人民出版社，2004：717-718.

③ 马克思．资本论（第3卷）［M］．北京：人民出版社，2004：906.

④ 马克思．资本论（第3卷）［M］．北京：人民出版社，2004：913.

⑤ 马克思．资本论（第3卷）［M］．北京：人民出版社，2004：703.

第五节 社会主义土地公有产权理论

社会经济形态的演进发展始终遵循着经济发展的客观规律，从根本上说是不以人的意志为转移的，由低级层次向高级层次的发展是不可避免的历史趋势。在这个“自然历史过程”的演进中，社会生产力起着根本性的、决定性的作用。当生产力发展达到高度发达阶段，生产资料私有必将向生产资料公有过渡。正是基于此，在《哥达纲领批判》一文中，马克思作了大胆的科学预测。马克思在考察原始公社制、私有制社会生产关系的基础上，对未来社会的经济形态作了大胆预断，提出了社会主义土地集体产权制度思想、社会主义土地国有产权制度思想、共产主义无产权制度思想，从而进一步丰富拓展了马克思土地产权理论。

一、土地集体所有制理论

在1848年的《共产党宣言》中，马克思提出并论证了“两个必然”即“资产阶级的灭亡和无产阶级的胜利是同样不可避免的”的理论；而在1859年的《〈政治经济学批判〉序言》中又提出了“两个决不会”即“无论哪一个社会形态，在它所能容纳的全部生产力发挥出来以前，是决不会灭亡的；而新的更高的生产关系，在它的物质存在条件在旧社会的胎胞里成熟以前，是决不会出现的”的思想。这两个科学论断共同揭示了人类社会历史发展的客观规律。随着生产力的巨大发展，资本主义社会最终将转向未来理想社会，但必然经历较长的过渡时期。就过渡时期即社会主义阶段的主要经济形态而言，马克思在观察资本主义社会经济现象的同时作了全面而科学的阐述。

巴黎公社是无产阶级建立政权的第一次伟大尝试。公社建立即颁布实行新的经济政策和法令。在经济方面的措施主要有：第一，对资本主义企业进行一定程度的限制和剥夺，资本家逃亡的企业转交工人合作社经营，厂主没有逃离的企业则由公社派人进行监督；第二，推进国家机关重大改革，成立管理经济工作的最高权力机构；第三，改善工人群众的生活状况和劳动条件；第四，照顾城市贫民和城乡劳动者的经济利益并尽量解决实际困难。此外，公社还特别重视农民切身利益，主张“把土地交给农民”并明确地提出了免除农民战争负担等措施。由此而知，巴黎公社的上述经济措施，对广大无产者和劳动人民是极为有利的。但是，也应当看到，巴黎公社经济措施的弊端与缺陷也是显而易见的。譬如，公社没有对法兰西金融机构银行进行限制和剥夺、没有指出公社财政收入的明确来源，等等。关于巴黎公社诸多经济议题的分析，促使马克思对人类未来社会经济问题的深刻反思，由方向性的引导转向具体的论述。

《巴枯宁〈国家制度和无政府状态〉一书摘要》是马克思为粉碎巴枯宁而写的批判性和论战性著作，对巴枯宁的观点及他的各种无政府主义观点进行了彻底的批判。在阐明无产阶级国家对农民的政策时，马克思明确地提出了“让农民自己通过经济道路来实现土地私有制向集体所有制过渡”[①] 的思想。他认为，凡是农民占多数的国家，农民是革命的最基本力量，农民对革命的态度直接关系到革命的成败。无产阶级领导革命取得最终的胜利，就应当关注农民的切身利益，以激发农民参与革命的热情。马克思说，凡是农民作为土地私有者大批存在的地方，不能采取得罪农民的措施，例如“宣布废除继承权或废除农民所有权”[②]，只有当农民变成了产业工人、无产者，与城市工人有了直接的共同利益的时候，才可以这样

① 马克思，恩格斯．马克思恩格斯选集（第3卷）［M］．北京：人民出版社，1995：287.
② 马克思，恩格斯．马克思恩格斯文集（第3卷）［M］．北京：人民出版社，2009：404.

做。同时，马克思强烈反对实行土地条块分割，继续维持小块土地所有制的错误做法。他强调指出，“不能像在巴枯宁的革命进军中那样用简单地把大地产分给农民扩大小块地产的办法来巩固小块土地所有制。”① 就农民占主体或大量存在的地方，如果无产阶级不重视农民权益，农民革命态度消极、冷漠，就会出现阻碍或断送革命的情况；反之，如果无产阶级“以政府的身份采取措施，直接改替农民的状况，从而把他们吸引到革命方面来”②，而引导农民投身革命的根本措施是“促进土地私有制向集体所有制的过渡”，并且强调是“让农民自己通过经济的道路来实现这种过渡”③。当然，无产阶级取得国家政权以后，必须改造小农经济，通过典型示范、国家帮助等措施引导小农所有制向集体所有制的过渡。这就是马克思提出的资本主义社会向未来社会过渡时期对农民所应当采取的经济政策，深刻说明社会过渡时期不是由无产阶级去控制和管束农民，更不是将农民置于从属地位，而是在彼此平等的基础上，通过互动合作、沟通交流等实现农民自觉自愿地实现土地所有制形式的过渡。

二、土地国有化思想

马克思认为，由剥削压迫社会向非剥削压迫社会的早期过渡时期，集体所有制权宜之计和临时安排，不免保留着资本主义生产方式的某些印痕，实行土地国家才能够彻底地改变劳动与资本的关系。在《论土地国有化》文中，马克思明确提出：“土地只能是国家的财产，土地国有化将使劳动和资本之间的关系彻底改变，归根到底将完全消灭工业和农业中的资本主义生产方式”④。

---

① 马克思，恩格斯．马克思恩格斯文集（第3卷）［M］．北京：人民出版社，2009：404.
② 马克思，恩格斯．马克思恩格斯选集（第2卷）［M］．北京：人民出版社，1995：635.
③ 马克思，恩格斯．马克思恩格斯选集（第2卷）［M］．北京：人民出版社，1995：635.
④ 马克思，恩格斯．马克思恩格斯选集（第3卷）［M］．北京：人民出版社，1995：176.

（一）土地国有化是资本主义农业生产方式发展的必然趋势

马克思认为，土地私有并非“天然权利”，各色政论家们运用各式论据证明土地私有的合法、有效，无非是一种辩护，是赤裸裸的“掠夺”。如果土地少数人所得而私是一种“天然权利”，那么“一旦社会的大多数人认为这毫无道理显然就应当被取消”。[①] 因此，大多数人汇聚足够力量拿回失去的一切，也应当是一种“天然权利”。在资本主义社会里，土地等社会财富越来越集中是不可阻挡的趋势，从而为大多数人实现“天然权利”创造了有利条件。

资本主义社会是社会财富趋于集中的社会：“羊吃人”的圈地运动使大批的土地逐渐集中到少数人手中；资本的渗透与扩张，资本家的压榨和剥削，使真正从事生产的劳动者仅仅获得维持自己生活的最低工资。“社会的经济发展，人口的增长和集中，迫使资本主义农场主在农业中采用集体的和有组织的劳动以及利用机器和其他发明的种种情况，正在使土地国有化越来越成为一种‘社会必然性’”[②]。这种必然性是不以人的意志为转移的，是任何势力都阻挡不了的发展潮流。一方面社会生产力的不断发展，创造的社会财富越来越多，必然引起“居民的需要在不断增长”[③]，从发展趋势来看，日益增长的社会生产一定会满足居民需要的增长；另一方面“农产品的价格不断上涨，这不容争辩地证明，土地国有化已成为一种社会必然”[④]。

（二）土地国有化是农业生产采用现代化手段的条件

满足居民需要的增长，如果让一小撮人也就是主导生产过程的资本家根据自身利益最大化原则随心所欲地调节生产，必将是更大的原材料的消耗，更多的劳动力资源投入。如此一来，居民需要的

---

① 马克思，恩格斯．马克思恩格斯选集（第3卷）［M］．北京：人民出版社，1995：127.
② 马克思，恩格斯．马克思恩格斯选集（第3卷）［M］．北京：人民出版社，1995：176.
③ 马克思，恩格斯．马克思恩格斯文集（第3卷）［M］．北京：人民出版社，2009：231.
④ 马克思，恩格斯．马克思恩格斯文集（第3卷）［M］．北京：人民出版社，2009：231.

增长是根本无法满足的。在资本家利益追逐下，一切现代的生产方法，如灌溉、排水、蒸汽犁、化学处理等等，应用就可能延缓甚至受阻。然而，现实却是，“我们所具有的科学知识，我们所拥有的进行耕作的技术手段，如机器等，只有在大规模耕种土地时才能有效地加以利用”①。况且，从经济学的观点看，大规模的土地耕作远比小块的和分散的土地耕作优越，这就促使土地国有化成为一种“社会必然性”。这种“社会必然性”为先进科技的运用和农业现代化作业提供了空间、创设了便利。

（三）土地耕作、农业生产应由国家进行控制和监督

社会化大生产是满足人们需求增长的必要条件而非充分条件。在土地私有、资本家垄断生产过程的条件下，农业生产、经营管理由少数人安排，整个社会生产的无序性、盲目性只能导致供给与需求关系的严重失衡。客观而论，资本主义条件下的大规模耕作比小块耕作或分散经营要相对优越得多，但是“把土地交给联合起来的农业劳动者就等于使整个社会只听从一个生产者阶级摆布”②，其结果会是怎么样呢？不言亦可想而知。而实行土地国有化，国家成为土地的所有权人，那么“土地的耕种是在国家的监督下并为了国家的利益进行，由于个人经营而引起的农产品减少的现象，自然就不可能发生了”③。国家会从宏观角度，把握供需动态平衡，根据农产品的社会总需求状况组织农业生产，最大限度地减少个人干预，避免生产的无序性和盲目性。

（四）未来理想社会无土地产权制思想

未来人类社会将迈入“大同”般的共产主义社会，这是人类孜孜以求的最高社会理想。共产主义社会是劳动者有序自由联合的社

① 马克思，恩格斯．马克思恩格斯全集（第18卷）［M］．北京：人民出版社，1964：65.
② 马克思，恩格斯．马克思恩格斯选集（第3卷）［M］．北京：人民出版社，1995：128.
③ 马克思，恩格斯．马克思恩格斯全集（第18卷）［M］．北京：人民出版社，1964：65.

会经济形态，生产力高度发达，人自觉于自己的行为，过着有秩序、有组织、人性化的和谐生活；物质生产极大丰富，尽其所能、按需分配。也正如马克思指出的，“共产主义和所有过去的运动不同的地方在于：它推翻了一切旧的生产和交往关系的基础，并且破天荒第一次自觉地把一切自发产生的前提看作是先前世世代代的创造，消除这些前提的自发性，使它们受联合起来的个人的支配。”[①]在共产主义社会形态下，“个别人对土地的私有权，和一个人对另一个人的私有权一样，是十分荒谬的。甚至整个社会，一个民族，以至一切同时存在的社会加在一起，都不是土地的所有者。他们只是土地的占有者，土地的受益者，并且他们应当作为好家长把经过改良的土地传给后代。”[②] 土地作为天然存在的生产资料，现实中的人都是土地的共同所有者、占有者和使用人。根据土产产权的排他性特性，从严格意义上说，讨论共产主义社会的土地产权已经没有实际意义，这就是土地产权制发展的努力方向和最终目标。

---

① 马克思，恩格斯．马克思恩格斯全集（第3卷）［M］．北京：人民出版社，1960：79.

② 马克思．资本论（第3卷）［M］．北京：人民出版社，2004：878.

第三章　马克思土地产权理论中国化的历史进程

美国著名记者洛易斯·惠勒·斯诺曾经说过：“谁解决了中国的农村问题，谁就掌握了整个中国”，而农村问题的核心即土地产权问题。那么，中国传统土地产权状况又究竟如何呢？1947 年 10 月，《中国共产党中央委员会关于公布中国土地法大纲的决议》开篇有着这样的评价：“中国的土地制度极不合理。就一般情况来说，占乡村人口不到百分之十的地主、富农，占有百分之七十至八十的土地，残酷地剥削农民。而占乡村人口百分之九十以上的雇农、贫农、中农及其他人民，却总共只有百分之二十至三十的土地，终年劳动，不得温饱。”① 创造中国人民和中华民族更加幸福美好的未来是中国共产党人的崇高使命和光荣职责，自中国共产党成立之日起，始终坚持以马克思土地产权理论为根本指导，立足于中国的土地产权现状，着力于推进土地制度革命和土地产权改革，努力解决广大人民群众最关心、最直接、最现实的利益问题。历届中央领导集体为此在探索与实践的进程中经历了漫长的历史过程，付出了巨大的艰辛和努力。

① 中央档案馆编．解放战争时期土地改革文件选集［C］．北京：中共中央党校出版社，1981：84.

第一节　近代中国农村土地产权制度形式

梳理马克思土地产权理论中国化的历史进程，尚需要先就中国迈入近代以来的农村土地产权制度稍作回顾。相较于传统中国而言，近代中国农村土地产权制度出现了明显拐点，特别是在19世纪末20世纪初，资本主义土地所有制在东南沿海、沿江两岸等地区喷墨而出。就土地所有制性质而言，尽管封建土地所有制仍然是最主要的所有制形式，但是土地产权的经营方式已经发生了显著变化。从生产资料和劳动力结合的方式来看，封建租佃小农经营、自耕农经营、富农经营、地主经营以及新式垦殖公司经营等多种形式都不同程度地存在着。近代中国农村土地产权制度和土地产权存在形式是马克思土地产权理论中国化孕育发展的母体，是研究绕不开的关键之题。

一、富农经营与土地产权关系

其实，明朝中后期，在江南如苏州、松江一带，家庭作坊的数量、规模扩大，商品经济相对发达，“机户出资，机工出力”的手工工场已经稀疏出现，这实际上就是中国早期资本主义生产关系的萌芽。就当时而言，资本主义生产关系是一种新型的生产关系，它的出现是历史的巨大进步。令人遗憾的是，根深蒂固的封建生产关系却使新的生产关系生存异常艰难，发展速度也极为迟缓，甚至处于停滞状态。直到19世纪六七十年代，在西方诸列强的压力簇拥和开明地主、绅士的极力推动下，资本主义生产关系得以登上了中国历史舞台。

伴随着资本主义生产关系的出现，中国近代中国农业中出现了资本主义经营形式，富农经营就是其中最主要的形式。根据土地占有关系和使用方式上的差异，又可以分为旧式富农经营和新式富农经营。旧式富农经营与传统中国农业经营无异，经济实现形式上表现为出租土地收取地租罢了，带有浓厚的封建性、封闭性特征。而这里所说的新式富农指的是马克思相关政治经济学著作中论及的农业资本家或租地农场主。[①] 据史载，1915 年，广东商人杨某“在江湾租地六十亩，仿照西法种植靛青”，因经济收益相当可观，次年继而扩大经营规模，租地多达二百余亩；20 世纪初，广东博罗县张某长年雇佣农业工人 3 名，大规模种植荔枝、番石榴等特产，经营数十年而在当地颇负盛名；上海竺某付年租金 80 元在康家桥租地 24 亩、雇佣工人而种植各类蔬菜，年净获得利 500 元[②]。览阅近代中国农业史料记载不难得知：这种农业经营方式与中国传统社会农民租种地主土地缴纳地租的经营方式已经存在着本质区别。从人身隶属关系来看，土地传统经营方式下，佃农租地缴纳地租，与地主之间是一种人身依附关系，而在新式富农经营方式下，农业资本家或租地农场主支付雇工工资，购买了雇工的全部劳动以便为其创造剩余价值，彼此之间是一种雇佣关系，表规为资本主义的农业经营方式。资本主义农业经营方式的存在表明，中国农村土地产权制度开始有了新的变化。

二、地主经营及土地产权关系

地主经营形式又称经营地主经济。所谓经营地主，即“为增加其财富亲自勤于经营其地产的地主”[③]。经营地主一方面将土地租给无地或少地的农民，收取地租，另一方面又自购牲畜和大型农具，雇佣少量工人，经营一部分土地。除此之外，部分经营地主还将业务范围拓展到工业和商业领域，“经营地主多数兼商人和放高利贷，

---

① 马克思，恩格斯．马克思恩格斯选集（第 1 卷）［M］．北京：人民出版社，1995：537.

② 章有义．中国近代农业史料（第 2 辑）［M］．上海：生活·读书·新知三联书店，1957：440-442.

③ 唐文基．试论中国封建社会经营地主对中国封建地主阶级的再认识［J］．福建师范大学学报，2002（01）：103.

善于经营”[①]。而这种经营方式与传统的租佃小农经营、自耕农经营等方式已经有了显著的区别。第一，从经营状况来看，经营规模较大、总体质量较好。经营的土地少则数十亩，多达千余亩。江南地区限于山势地形，与北方相比，规模相较逊色，但与当地的地主相比，则明显略胜一筹。19 世纪末 20 世纪初，地主雇工经营的状况，散见于近代农业史料、地方志等文献中。就经营地主分布而言，尤以河北、山东等地区为最。在这一时期，山东 42 县 197 村中，经营地主 331 户，约占地主总量的 40%[②]。另据《奉天农业统计调查报告书》载，辽阳、营口厅和义州等 13 县厅州内，占田 3000 亩的大地主 58 户，雇工经营达 5 万亩，占总量的 13.1%，而出租土地 32 万余亩，占 86.6%[③]。而至 20 世纪 20 年代，浙江、安徽、山东、江苏和直隶等 5 省 9 县地主雇佣工经营土地面积占到 16.5% 左右。[④]第二，从雇工数量来看，雇工数量较多且是劳动的主体力量。经营地主经营土地的规模较大，且自己不从事劳动，而家工数量偏少，不得不依靠大量的雇工。譬如，山东莒南县、赣榆县 3 个区 9 个村 36 户经营地主，家工占 7.4%，雇工占 92.6%[⑤]。第三，农产品的商品率较高。经营地主经营的土地普遍质量较好、生产要素投入充裕，单位面积产量较高，除满足自己需要外，还提供地区外运粮食和非农业人口用粮。从经营规模来看，一般聘请“大伙计”或管理人员代为管理。由此可见，经营地主不同于完全的封建地主，亦与农业资本家或租地农场主存在一定的区别，是带有资本主义色彩的地主，其资本主义性质是不容置疑的。

---

① 陈翰笙等．解放前的中国农村（三）［M］．北京：展望出版社，1987：471-475.

② 景苏，罗仑．清代山东经营地主底社会性质［M］．济南：山东人民出版社，1959.

③ 李文治．中国近代农业史资料（第 1 辑）［M］．上海：生活·读书·新知三联书店，1957：682.

④ 李文治．中国近代农业史资料（第 2 辑）［M］．上海：生活·读书·新知三联书店，1957：306-307.

⑤ 华东军政委员会土地改革委员会编．山东省农村调查，1952：48.

三、新式垦殖公司经营及土地产权关系

新式垦殖公司是20世纪初出现的新型农业企业，是一种新的农业经营方式。1901年，两江总督刘坤督办，令张謇筹办公司，筑堤开垦通州沿海滩地，出现了中国第一家垦殖公司即通海垦牧公司。据农商部1912年统计，全国有垦殖公司170余个，投资总额达630余万元。从经营管理方式来看，将近代企业的经营方式运用于农业的经营管理，借鉴近代西方企业的管理经验，资本投入大、雇佣工人多，同时注重农业基础设施建设和农业生产技术的改进和推广。从分布范围来看，江苏、广东两省农垦公司发展迅速，广东达43家，江苏有27家，超过总数的1/3。就经营范围而言，具代表性的有三类。第一，以种植棉粮兼事畜牧为主的垦殖公司，如张謇创办的通海垦牧公司、马相伯等创办的垦殖公司等；第二，以经营桑茶园艺的公司，张謇创办的阜生蚕桑公司；第三，从事发展林业、畜牧业、榨油业等的垦殖公司，这类公司创办人主要来自地方官绅、富商或海外华侨。创办新式垦殖公司旨在剥削雇佣工人创造的剩余价值，实现资本增值，其经营方式与资本主义企业经营管理无异，就其性质而言，是典型的资本主义性质的农业企业。

不容否认，尽管19世纪末20世纪初，中国土地产权经营呈现出新的迹象，但是封建租佃小农经营、自耕农经营仍然是主要的土地产权经营形式。令人欣喜的是，这两种土地产权经营形式已经渐趋式微，并开始走向解体，既而为土地产权经营新形式的出现提供了更多发展空间。

第二节　马克思土地产权理论中国化的历史演进

传统中国是以农业为主的封建国家，一切经济活动、一切收益

分配都是围绕土地问题而展开的，土地的极端重要性足见一斑。封建统治阶级凭借掌握的土地终极所有权征收赋税、坐享其利；农民依靠租地耕作获得维持生活的基本资料。站在农民的角度上言，“在传统乡村社会里，土里求财是农民最主要的甚至是唯一手段”①、“凡置产业，自当以土地为上” （钱泳《履园杂话》)，即便偶有“典地”之举，乃实不得已而为之，表达了最广大农民对土地的深深眷恋和获得土地产权的强烈愿望。历史反复证明，解决近代中国一切问题尚需要抓住这一关键问题，即农民最关心的问题。如何正确认识和处理好这一问题，是中国共产党必须认真面对和解决的重大课题。正是在此意义上，毛泽东指出：近代中国，“革命的基本问题就是农民问题”②，而土地问题又是农民问题的关键所在。中国共产党在解决农民土地问题的伟大实践中，拉开了马克思土地产权理论中国化的宏大序幕。

一、马克思土地产权理论中国化的探索：“授田分地，推行耕者有田”

半殖民地半封建社会是一个过渡性质的社会形态，既充斥着浓厚的封建氛围，又承载着资本主义的新鲜气息。在这种社会形态下，土地产权制度呈现出“一主多样”的格局，封建土地所制依然居于核心地位，但其他土地所有制亦在潜滋暗长并展现出了勃勃生机。与之相适应，土地经营方式也趋于多样化、复杂化。尽管如此，土地资源作为人们生存发展的基础性资源，其重要地位和作用并没有出现丝毫动摇，土地问题仍然是最广大农民关心的问题。而农民占近代中国人口总数约80%，是社会的底层力量却又是最基本力量，意欲发动农民、依靠农民掀起社会浪潮或革命运动，就必须

---

① 李立志．变迁与重建：1949—1956 年的中国社会［M］．南昌：江西人民出版社，2002：235.

② 高菊村．青年毛泽东［M］．北京：中共党史资料出版社，1990：254.

满足他们获得土地的政治诉求。近代中国革命已经充分证明了这一点，“有田同耕、均田免粮”的旧民主主主义革命如此，“土地公有、按劳分配”的新民主主义革命又何尝不是如此呢？

（一）大革命是一场触及土地产权制度的伟大尝试

俄国十月革命的胜利开创了人类历史的新纪元，为世界无产阶级革命、殖民地和半殖民地国家的民族民主解放运动开辟了胜利前进的道路，亦给中国送来了马克思主义，让中国所有被压迫阶级看到了革命的曙光和生活的希望。马克思主义的研究传播、无产阶级的壮大和工人运动的发展、各地共产主义小组的相继建立使中国共产党的诞生具备了条件。1921 年 7 月，中国共产党宣告成立时，纲领和决议将“从事工人运动的各项活动、加强工会和工人运动的领导研究”明确为党的基本任务的同时，亦将“废除资本主义私有制”确定为党的奋斗目标。客观地说，党成立初期，其中心任务主要是围绕工人权益而开展的，组织工人运动、开展工人斗争是革命运动的主要表现形式。尽管如此，党在集中力量领导工人运动之时，也在积极地组织、发动和领导农民运动。在这期间，农民问题亦是党中央和早期中国共产党人关注的重要内容。第一，对农民革命地位和作用的认识。农民“揭竿而起、挺身而斗”的潜在革命性的倾泻，抗租罢税的农民运动显示出了农民的力量。1923 年 7 月，中国共产党早期领导人陈独秀在《中国农民问题》一文中，充分肯定了农民问题的重要性，强调了农民在国民革命中的地位和作用。他指出，经济文化相对落后的近代中国，“不可漠视农民问题，不可忽视农民的力量”①，要想办法组织、引导他们参加革命。中共“四大”是论及农民问题的重要会议，决议强调指出：“中国革命需要‘工人、农民及城市中小资产阶级普遍的参加’，其中农民‘是

① 陈独秀．陈独秀著作选（第 2 卷）［M］．上海：上海人民出版社，1993：510.

重要成分’，‘大然是工人阶级之同盟者’”[①]。中共“五大”提出了“土地革命”的口号，制定了“没收大地主土地”等七条措施，但限于复杂环境并未全面开展。1926年9月，毛泽东在《国民革命与农民运动》一文中指出：“农民问题乃国民革命的中心问题，农民不起来参加并拥护国民革命，国民革命不会成功。”[②] 虽然中国共产党此时对农民革命地位和作用的认识尚显初浅，但能够认识到中国革命没有农民的普遍参加，不能获得农民普遍支持，革命是不能成功的还是难能可贵的。第二，形成了解决农民问题的初步构想。农民要翻身成为主人，就要积极地行动起来与封建势力进行斗争。中共“一大”会后，早期的中国共产党人沈玄庐、澎湃就回到家乡建立农会，组织、领导农民开展农民运动。在国共合作建立后，提出的“平均地权”的政治主张，得到了广大农民的拥护，有力地支持了国民革命运动。第三，对农民阶级的阶层作了适度区分。陈独秀在调查研究中国农村和农民问题的基础上，以是否占有土地产权、生产资料以及生产物的占有量为标准原则，将农村居民分为五个阶级，并将农民细分为小有产阶级、半无产阶级和农业的无产阶级三类，小有产阶级包括纯粹自耕自地之农民、自耕农兼佃农，半无产阶级包括佃农兼雇主、纯粹佃农，农业的无产阶级即是雇工。依据于此，他认为除地主阶级是革命的敌人之外，农村其他阶级都是需要团结的对象，甚至是革命的力量。1925年12月，毛泽东在《中国社会各阶级的分析》一文中亦对中国的农民阶层作了细致而全面的分析。他将农民分为小资产阶级的自耕农、半无产阶级的绝大部分半自耕农、贫农和无产阶级的雇农等四个阶层，认为在革命潮流高涨、见一线曙光之时，小资产阶级的自耕农参加革命的态度较为积极，即便不积极的部分也附和着革命，其他三个农民阶层则具有变更现状的革命性，是我们最亲近的朋友。早期中国共产党人对农

① 中央档案馆．中共中央文件献选集（二）［M］．北京：中共中央党校出版社，1989：180.

② 毛泽东．毛泽东选集（第1卷）［M］．北京：人民出版社，1991：1.

民阶级的阶层分析对做好农民工作，争取农民的支持和拥护是有积极意义的。

国民革命历时的确有些短暂，第一次国共合作亦可誉为“昙花一现”。但是，尚处幼年时期的中国共产党在参与国民革命的伟大实践中也逐渐认识到：解决好农村土地的所有权归属对于中国革命具有非同寻常的意义和价值。

（二）第一次土地革命是党领导农民变革土地产权的初步实践

大革命的教训是惨痛的、深刻的，但亦有较大收获。一方面撕下了国民党伪装的面具，认清了国民党的实篡权、假革命的真实意图，另一方面弄清了“中国国民革命是农民革命，故土地问题为本党中心问题”[①]，调动农民的革命热情并使其成为革命基本动力，解决土地问题是需要解决的中心问题。这为马克思土地产权理论中国化提供了重要契机。

第一阶段（1927—1929 年）：土地革命的初步开展。大革命战争失败后，中共中央政治局在湖北汉口召开了紧急会议，即“八七会议”。会议总结了大革命的经验教训，同时确定了土地革命和武装反抗国民党反动派的总方针，为今后革命斗争指明了正确方向，标志着中国革命实现了向土地革命的历史转变。关于土地革命的方针，主要表现在：第一，确定土地革命的领导机构。领导机构由中国共产党和国民党左派联合组成，同时在农村主张建立“以自耕农贫农佃农雇农为中心联合一切农村穷苦民众及小地主结成斗争的联盟”，这种政权结构和社会基础，与苏维埃运动时期有着明显区别。第二，延续了中共“五大”的土地政策和措施。“乡村政权属于农民协会”“没收大地主及中地主的土地”“解除民团团防等类的武装与其他地主的军队，而武装农民”是其核心内容。但是，在苏维埃运动时期，由于“左倾”思想的干扰和影响，将共产国际指示和苏

---

① 杨超，毕剑横．毛泽东思想史［M］．成都：四川人民出版社，2001：5.

联经验神圣化。譬如1927年11月，中共临时中央政治局扩大会议无讨论通过的《中国共产党土地问题党纲草案》就明确规定：“一切私有土地完全归组织成苏维埃的劳动平民所公有”；1928年3月，中共中央制定的《纲要》规定：“一切土地实行公有后，重新分配给农民耕种”。[①] 这些规定不符合当时农民获得土地产权的思想动机和传统习惯，不利于发展、团结革命力量。所幸的是，这种错误做法很快得以纠正。1928年6月，中共“六大”通过的《土地问题决议案》规定：“没收豪绅地主阶级的财产、土地”[②]，分给无地少地的农民使用。决议已经将地主和富农明确区别对待，纠正了过分打击富农的“左”的偏差，这对团结革命力量是颇为助益的。各根据地根据“六大”指示精神，就富农政策作了灵活的、具体的规定，使土地革命得以顺利进行。

第二阶段（1929—1931年）：土地革命的深入开展。正值“没收豪绅地主阶级的财产、土地”为核心的土地政策迈开步子之时，国产国际执委会《关于农民问题的信》就中共“六大”区别地主和富农政策的批评和1929年11月联共（布）中央决定推进“依靠贫农、团结中农、消灭富农、加快农业集体化”的目标任务，给中国各根据地的土地革命造成了消极影响。1929年12月，中共中央发出第六十号通告，提出要“坚决执行反富农的斗争，肃清富农在斗争中的影响，把富农从农民组织，特别是党的组织中与苏维埃政权内驱逐出去。”[③] 1930年6月至9月，中央盛行的立三路线甚至提出了消灭富农的极“左”政策。直到1930年9月，六届三中全会才纠正了这种“左倾”错误。就根据地的环境而言，组织集体农庄或苏维埃农场的理论是一种妄想。1931年2月，毛泽东在《民权革命

① 中共中央通告第三十七号．关于没收土地和建立苏维埃，1928.

② 中共第六次全国代表大会关于土地问题决议案，1928.

③ 中共中央党史研究室．土地革命纪实（1927—1937）［M］．北京：求实出版社，1982：136-138.

中的土地所有制度》的信中指出，分田坚持“抽多补少”“抽肥减瘦”原则，农民分得田地以后，“这田由他私有，别人不得侵犯。以后一家的田，一家定业，生的不补，死的不退，租借买卖，任他自由”①。1931 年 3 月，江西省政府制定并颁布了“田地分定、拥有其权”的土地政策。经多次探索、反复实践，逐渐形成了一套符合当时国情的土地政策体系。

第三阶段（1931—1935 年）：执行“富农分坏田”的查田运动。1931 年 1 月，六届四中全会召开，开始了王明“左”倾机会主义路线在党内的统治。王明“地主不分田、富农分坏田”的政策主张被 1931 年 2 月制定的《土地法草案》所采纳，该草案规定：“富农在没收土地后，可以分得较坏的‘劳动份地’”，他们“多余的农具牲畜等亦须没收”。“富农分坏田”的推行，让富农对革命心生仇视，将他们推到了革命的对立面，造成了较为严重的后果。雪上加霜的是，1933 年 6 月，临时中央政府发布《关于查田运动的训令》并下发到中央苏区所辖的 39 个县，查田运动在中央苏区全面铺开。由于查田运动偏离中央苏区实际，农民执行的积极性普遍较低，加之“反围剿”的军事战略任务，根本无暇顾及查田工作。在三年多的时间里，轰轰烈烈的查田运动无果而终、不了了之。

第四阶段（1935—1937 年）：中共中央土地政策的调整。1935 年 1 月，遵义会议确定了毛泽东在全党的领导地位。会议在纠正王明“左”倾军事路线的同时，纠正“左”的政治路线亦在酝酿当中。伴诸于此，纠正“左”倾土地政策的工作逐步提上议事日程。1935 年 12 月，中共中央做出的《关于改变对富农策略的决定》中明确提出：“反对富农的策略，是把富农推到反革命的怀抱中去，是在加强反革命同我们斗争的力量”，“现在已不适当”②。而随着日本侵华的步步紧逼，中日民族矛盾逐渐上升为最主要矛盾。1935 年

① 第二次国内革命战争时期土地革命文献选编［Z］. 北京：中共中央党校出版社，1987：279.

② 中央档案馆. 中共中央文件献选集（十）［M］. 北京：中共中央党校出版社，1989：376.

12 月，瓦窑堡会议分析了华北事变后国内阶级关系的新变化，制定了抗日民族统一战线的策略方针。为了缓和国内阶级矛盾，就土地政策做出适当调整。1937 年 2 月，中共中央在《致国民党三中全会电》中，向国民党提出五项要求的同时，做出了包括“停止没收地主土地之政策”在内的四项保证。适应“停止没收土地”的政策调整，“减租减息”政策酝酿并在苏区开始实行。

（三）“减租减息”政策是抗日时期马克思土地产权理论的灵活运用

帝国主义与中华民族的矛盾是近代中国面临的最主要矛盾。“九一八事变”、“华北事变”、“卢沟桥事变”是日本蚕食鲸吞中国的重要步骤，也将中日矛盾推到了顶峰。为了集结一切抗日力量，结成最广泛抗日民族统一战线，中国共产党消灭剥削阶级的斗争策略让位于驱逐倭寇的斗争需要，“停止没收地主的土地”、实行“减租减息”就是其重要体现。因为在民族危亡的关键时刻，“中国的土地属于日本人，还是属于中国人，这是最先待解决的问题”①。

1937 年 8 月，中共中央政治局扩大会议在陕北洛川召开。会议决定将党的工作重心放在战区和敌后，以发动群众开展游击战，建立抗日根据地；会议通过《抗日救国十大纲领》，决定实行“减租减息”的基本政策，以解决农民土地问题、改善农民生活。其实，关于“减租减息”并非苏区最早提倡。1930 年 6 月，国民通过的《土地法》已将“减租减息”载入其间，有地租不得超过正产物收获总额 37.5%，即“二五减租”政策。从严格意义上说，洛川会议只是援引了国民政府的“减租减息”政策。从这一政策的立足点来看，既考虑到地主的利益，即地主要减租减息，又重视农民的利益即农民减租减息但又应当向地主缴纳租息。就其性质而言，是一种具有改良折中主义的土地政策。但由于复杂因素的影响，譬如有政

① 毛泽东．毛泽东选集（第1卷）［M］．北京：人民出版社，1991：260.

策而无法令、封建势力盘根错节、熟人社会的“人情味”情结等，在推行的初期，减租政策实谓落而不实，并没有达到预期效果。

鉴于此，为了使减租政策能够切实贯彻，中共中央就减租减息政策作了调整。1942 年 1 月，中共中央颁布了《关于抗日根据地土地政策的决定》，决定综合政策推行五年来的经验，做出了“一切尚未实行减租的地区，其租额以减低原租额百分之二十五（二五减租）为原则，即照抗战前租额减低百分之二十五，不论公地、私地、佃租地、伙种地，也不论钱租制、物租制、活租制、定租制，均适用之。各种不同形式的伙种地，不宜一律规定为依地主所得不得超过十分之四或十分之六，应以业佃双方所出劳动力、牛力、农具、肥料、种子及食粮之多寡，按原来租额比例，减低百分之二十五”[①] 的规定。从决定相关条款涉及的内容分析，农民问题抑或土地问题再次成为中央苏区解决的中心议题。

为了发展农业生产，改善农民生活，保证抗日战争所需的人力、物力和财力供给，1943 年 10 月，中共中央公布了《开展根据地的减租、生产和拥政爱民运动》的党内指示。根据中共中央的文件指示精神，根据地纷纷开展了“查减运动”。“查减运动”就是对减租减息政策推行以来工作情况的检查、督查，对明减暗不减、明增暗不增的根据地乡村进行补课，实际上是减租减息运动的持续深入推进。减租减息政策的深入贯彻和全面落实，使农民获得了更多的经济收益，改善了农民的生活，松解了农民根深蒂固的传统观念，极大地提高了农民生产、学习、参战、拥军的积极性。

（四）解放战争时期“减租减息”政策的内容丰富和范围拓展

抗日战争结束以后，国内阶级矛盾重新成为社会的最主要矛盾。为了适应国内革命战争的需要，满足广大农民对土地产权的要求和愿望，中国共产党一方面在解放区继续推行减租减息政策，

① 中央档案馆．中共中央文件献选集（十）［M］．北京：中共中央党校出版社，1989：337.

“目前我党的方针仍然是减租而不是没收土地”[1]，另一方面又根据变化着的革命形势和发展需要，对减租减息政策做出重大调整。1946年5月，鉴于农民对土地的要求异常迫切，中共中央发布了《关于反奸清算与土地问题的指示》（即《“五四”指示》），决定将减租减息政策改为没收地主土地分配给农民，实行“耕者有其田”的政策。满足农民的土地要求是《五四指示》的一个鲜明特点，亦是与抗日战争时期减租减息政策的根本区别所在。此外，《五四指示》还实行区别对待各阶级的政策，认为富农与地主阶级、中小地主与豪绅恶霸是有区别的，不能同等视之。《五四指示》颁布后，各解放区根据认真领会指示精神，迅速掀起了土地改革运动。到1947年2月，已有2/3的解放区解决了土地问题，广大农民获得了土地，不仅有力地巩固了解放区，而且加强了对人民解放战争的支援。但亦要看到，《五四指示》的局限性亦是显而易见的，譬如，给予了地主较多地照顾和让步，废除封建土地制度没有得到彻底有效地贯彻。

《五四指示》取得的成绩和存在的问题，引起了人们的深刻反思，继而揭开了解放区土地立法的序幕，为实现“耕者有其田”的土地革命指明了方向。1947年9月，中国共产党在河北西北坡召开了全国土地会议，通过了《中国土地法大纲》，共分16条，包括基本土地政策、土地产权、土地分配原则、农村组织建设和对工商业者的态度等方面内容，是中国共产党第一次以法的形式解决农民土地问题。关于基本土地政策方面，规定：“废除封建性及半封建性剥削的土地制度，实现耕者有田的土地制度”[2]；关于土地产权方面，规定：一切土主的土地及祠堂、庙宇、寺院、学校和机关团体

① 毛泽东．毛泽东选集（第四卷）［M］．北京：人民出版社，1991：1173.

② 中央档案馆．解放战争时期土地改革文件选编（1945—1949）［C］．北京：中共中央党校出版社，1981：85.

占有的土地，分给人民群众，“并归个人所有”①、“承认其经营自由、买卖及在特定条件下出租的权利”②；关于土地分配原则方面，规定：“在土地数量上抽多补少，质量上抽肥补瘦，使全乡村人民获得同等的土地”③；关于对待工商业者，规定：“保护工商业者的财产及合法的经营，不受侵犯”④。1947 年 12 月，毛泽东在提出的新民主主义革命的三大经济纲领中就土地产权问题做了进一步说明，“土地平均分配给农民，并归农民私有，而不是归乡政府或国家所有，农民不仅有土地的使用权，还有土地的所有权”⑤。至 1949 年新中国成立前夕，解放区 1.6 亿农民群众实现了翻身解放，支持革命的热情高涨，从而为解放战争的彻底胜利奠定了坚定的物质基础。

《中国土地法大纲》废除了土地大地主私有制，耕者有其田的土地政策得以贯彻执行。土地从地主手中逐渐转移到广大农民手里，满足了农民获得土地的多年夙愿。更为重要的是，《中国土地法大纲》彻底瓦解了封建剥削制度存在的根基，铲除了封建统治的经济基础，在中国农村社会变革的历史上具有重要的里程碑意义。

（五）国民经济恢复时期农民土地所有权的初步确立

1949 年秋，国民党军事力量基本土崩瓦解，阶级力量对比出现根本性变化，全国性革命胜利在即。建立一个什么样的国家是亟待解决的重要问题。在这样的情况下，中国共产党邀请各民主党派、人民团体、人民解放军、各地区、各民族以及国外华侨等各方面的

① 中央档案馆．解放战争时期土地改革文件选编（1945—1949）［C］．北京：中共中央党校出版社，1981：85.

② 中央档案馆．解放战争时期土地改革文件选编（1945—1949）［C］．北京：中共中央党校出版社，1981：87.

③ 中央档案馆．解放战争时期土地改革文件选编（1945—1949）［C］．北京：中共中央党校出版社，1981：85.

④ 中央档案馆．解放战争时期土地改革文件选编（1945—1949）［C］．北京：中共中央党校出版社，1981：85.

⑤ 王风贤．毛泽东与中国传统文化［M］．合肥：安徽人民出版社，1993：283.

代表，组成中国人民政治协商会议，讨论通过了《中国人民政治协商会议共同纲领》做出了“有步骤地将封建半封建的土地所有制改变为农民的土地所有制”[①]的规定。伴随着解放战争进程推进，东北、华北等解放区已经实行土地改革，消灭了封建剥削制度，但新解放区的土地改革刚刚起动、远未完成。1950年6月，中央人民政府正式公布《中华人民共和国土地改革法》，决定根据各地区的不同情况，用两年半或三年的时间，在全国分期分批完成土地改革。截止到1952年底，大陆除了西藏等少数地区外，土地改革在全国农村胜利完成，使农村土地占有关系发生了根本性变化，彻底消灭了封建土地所有制，农民所有制得到巩固，一方面为农业合作化创造了有利条件，另一方面又为新中国推进工业化开辟了道路。

（六）社会主义改造时期土地公有制的逐步确立和巩固

废除封建土地私有制，如何巩固国民经济基础，推动国民经济建设以提高人民生活是毛泽东始终关注的问题。1934年1月，毛泽东就在《我们的经济政策》一文中认为：“合作经济和国营经济配合起来，经过长期的发展，将成为经济方面的巨大力量”[②]，而合作经济和国营经济的发展有利于克服小农经济的弊端，造成发展社会主义经济的条件。围绕农业合作经济的议题，在1942年至1945年间，毛泽东还撰写了《经济问题与财政问题》《论合作社》《组织起来》等经济文章，对合作社的性质、特征、组织形式和作用等作了较为全面的阐述。但是基于革命战争年代的环境条件，农村生产互助、经济合作思想并未能付诸实践当中。

伴之土地改革运动全面完成，地主拥有的土地、农具、牲畜等大量生产资料转入到农民手中，农民成为生产资料的真正所有者。在这种情况下，分散的个体经济和手工业经济已经占到国民经济总

① 中央档案馆．解放战争时期土地改革文件选编（1945—1949）［C］．北京：中共中央党校出版社，1981：173.

② 毛泽东．毛泽东选集（第1卷）［M］．北京：人民出版社，1991：133.

量的90%左右。为了避免两极分化，发展农业生产力，实现由个体私有制向集体所有制的过渡较为可行的办法。对个体经济和手工业经济“是可能和必须谨慎的逐步而又积极引导它们向着现代化和集体化的方向发展”[①]。况且，新民主主义革命胜利以后，国民经济已经基本恢复，国家独立、人民解放的任务基本实现，而欲更进一步，实现国家富强、人民富裕的任务，迫切需要将农民组织起来，走互助合作的道路，“发展农业生产合作化，现在既需要，又可能，潜在力很大”[②]。毛泽东认为，建设社会主义工业化国家，要立足我国农业大国的客观实际，不能离开这个实际片面地进行工业化，“社会主义工业化是不能离开农业合作化而孤立地去进行的”[③]，而他的这个判断，是符合新中国成立初期的基本国情的。关于农业生产互助合作问题，早在1951年9月已经在小范围内开始试行。到1952年底，全国互助组织发展到1830余万个，农业生产合作社超过3600个，全国40%的农户通过典型示范、自愿互利的方式已经组织起来。1953年12月，中共中央做出了《关于发展农业合作社的决议》，从而将农业互助合作运动推到了以初级农业生产合作社为中心的阶段。到1955年6月，农业生产合作社发展到65万个，全国14.2%的农户加入了合作社，50.7%的农户加入了互助组。1955年7月，毛泽东作了《关于农业合作化问题》的报告，系统地阐述了中国共产党农业合作化的理论和政策，对农业合作化起到了更有力的推动作用。1955年10月，七届六中全会通过了《关于农业合作化问题的决议》，以此为端掀起了农业合作化运动的高潮。到1956年底，参加高级农业生产合作的农户达到农户总数的87.8%，基本上完成了农民个体私有制经济向集体所有制经济的转变。

---

① 毛泽东．毛泽东选集（第4卷）［M］．北京：人民出版社，1991：1132.
② 毛泽东．毛泽东选集（第1卷）［M］．北京：人民出版社，1991：119.
③ 毛泽东．毛泽东选集（第4卷）［M］．北京：人民出版社，1991：181.

（七）马克思土地产权理论中国化探索中的艰难曲折

随着农业合作化运动的深入推进，农民的土地所有权转向集体的土地所有权，耕畜、大型农具等生产资料也转归集体所有，同时财产的个人股权也转让给集体。与此进程相随的是，土地的经营权、使用权等产权权能也完全收归集体所有。到1958年底，游离于高级农业生产合作社之外的农户占全国农户的1%①。而小社并大社活动的展开，实际上成了人民公社化运动的前奏。

“人民公社”概念最早见于1958年7月1日出版的《红旗》杂志刊载的陈伯达《全新的社会，全新的人》一文。农业合作社迅速发展使中共中央对农业形势产生误判，认为“以前的、几十户、几百户的单一的农业生产合作社，已不能适应形势发展的要求”，因此要“积极地运用人民公社的形式，摸索出一条过渡到共产主义的具体途径”，并且认为我国实现共产主义已经不是“遥远的将来的事情了”②。在全国并大社形势的影响下，1958年7月，河南省新乡县七里营大社挂出了全国第一个“人民公社”牌子。在此后的短短数月，人民公社就达到了2.6万，而入社的农户也突破了1.2亿。社会主义改造完成不到两年的时间，“一大二公、政社合一”的准共产主义社会就在中国农村建立起来了。1961年3月，《农村人民公社工作条例（草案）》又开始对人民公社进行调整，形成了“三级所有、队为基础”的生产经营体制，“三级所有”指生产资料和产品分别归公社、生产大队和生产队所有，“队为基础”指在人民公社的三级集体所有制中，生产队一级独立核算、自负盈亏，直接组织生产，组织收益分配，是基本核算单位。这种体制下，农民可以经营少量自留地和小规模家庭副业。人民公社体制实际上就是政社合一体制，是国家行政权力和社会权力高度统一的基层政权形

① 林毅夫．集体化与中国1959—1961年的农业危机［A］．制度、技术与中国农业发展［M］．上海：上海人民出版社，2005：23.

② 中共中央关于在农村建立人民公社问题的决议［A］．人民日报（第1版），1958-09-10.

式。就其性质而言，人民公社是劳动群众集体所有制的经济组织，是土地所有权与使用权相分离状态的严重脱节的体现，造成了土地经济关系的明显扭曲，使广大农民失去了生产积极性和主动性。这种严重偏离我国农村实际的经济组织和管理体制，终而成为生产力发展的桎梏。

二、马克思土地产权理论中国化的发展："家庭联产承包、统分结合经营"

促进农村生产力发展必须突破人民公社的诅咒，挣脱政社合一的桎梏，而"一大二公""吃大锅饭"已经被实践证明是无助于此的。1976 年 10 月，"文化大革命"虽然结束了，但随后的中国又陷入了思想僵化、迷信盛行的泥潭。直到 1978 年 12 月，十一届三中全会的召开，解放思想、实事求是的思想路线重新确立，土地产权变革才迎来了新的春天。

（一）包干到户由先行试点到全面推广

由于指导思想的重大偏差，至 20 世纪 70 年代末，工业体系和国民经济体系在我国虽然建立起来了，但是积贫积弱的整体现状的改变仍然有限，农村生产几乎处于停滞状态，家庭收入微薄、生活相当困难。譬如位居江淮之间的滁县地区人均口粮 500 斤，人均年收入 70 元左右，滁州定远、凤阳等县过犹不及矣！在这种情况下，旧的农村经济体制受到了严重冲击和严峻挑战。《易·系辞下》中载："穷则变，变则通"。意欲改变贫穷落后的社会现状，"变"是必然之势。

1978 年 12 月，《中共中央关于加快农业发展若干问题的决定（草案）》虽然表现出农村政策的松动迹象，譬如规定了社员自留地是社会主义经济的必要补充部分、允许有计划地开垦荒地、围海造田，明确提出尽快制定土地法，等等。不仅如此，该决议还充分肯定了"包工到作业组，联系产量计算劳动报酬"的责任制，这的确比以前的“集中劳动”“平均分配”等管理方式明显进步了。但《决定》仍然继续维持“三级所有，队为基础”的农村所有制结构，并规定了“两个不许”，即不许包产到户、不许分田单干，严重地束缚了农民群众的手脚。1979 年 9 月，十一届四中全会通过的《中共中央关于加快农业发展若干问题的决定》将“两个不许”改为“不许分田单干”“不要包产到户”。“不许”调整为“不要”，虽然仅一字之差，却表明“包产到户”试点已经得到了中共中央的初步肯定。1980 年 5 月，邓小平在与中央负责工作人员谈话时，对安徽农村改革给予了充分肯定，强调指出：“农村政策放宽以后，一些适宜搞包产到户的地方搞了包产到户，效果很好，变化很快”，“有的同志担心大包干，这样会不会影响集体经济，我看这种担心是不必要的”。[①] 这被视为中共中央就“包产到户”的正式表态，对刚刚起步的农村土地改革起到了强有力的推进作用。1980 年 9 月，中共中央印发的《〈关于进一步加强和完善农业生产责任制的几个问题〉的通知》中关于“支持群众的要求，可以包产到户，也可以包干到户，并在一个较长的时间内保持稳定。就这种地区的具体情况来看，实行包产到户，是联系群众，发展生产，解决温饱问题的一种必要的措施”的表述来看，表明中共中央对“包产到户”也基本上持肯定态度。1982 年 1 月，中共中央批转的《全国农村工作会议纪要》中明确指出：包产到户、包干到户或大包干等生产责任制是建立在土地公有制基本上的，“不同于合作化以前的小私有的个体经济，而是社会主义农业经济的组成部分”[②]，这是改革开放后中共中央第一次明确肯定“包产到户”的社会主义性质，进一步消除了人们思想上的种种疑虑，联产到户开始向包产到户、包干到户转变。这是联产承包的制的关键转折点。1983 年 1 月，中共中央发出的

① 中共中央文献编辑委员会．邓小平文选（第 2 卷）［M］．北京：人民出版社，1994：315.

② 1982 年 1 号文件：全国农村工作会议纪要［EB/OL］．http：//www.china.com.cn/aboutchina/data/zgncggkf30n/2008-04/09/content_ 14684460.htm.

《当前农村经济政策的若干问题》指出：包产到户、包干到户等联产承包制形式是“在党的领导下我国农民的伟大创造”，进一步扩大了包产到户的范围。1984 年1 月，中共中央发布了《关于一九八四年农村工作的通知》（即 1984 年 1 号文件）就继续稳定和完善联产承包责任制做出了更为具体的规定：“延长土地承包期，鼓励农民增加投资，培养地力，实行集约经营；允许农民和集体的资金自由地或有组织地流动，不受地区限制；实行联产承包责任制基础上出现的专业户，是农村发展中的新生事物，应当珍惜爱护，积极支持；农村经济组织应根据生产发展的需要，形式与规模可以多种多样”①。此外，文件还就农村雇工问题做了必要说明。中共中央接连下发的 1 号文件，使农村土地政策趋于稳定、联产承包责任制逐步完善，广大农民深受鼓舞，并以主人翁的热情和干劲参与到农村改革的实践大潮中。截止 1984 年底，全国大包干的队数达到了 563. 6 万个，99. 1% 的农村生产队实行了包产到户、包干到户，一方面人民公社“三级所有，队为基础”的经营制度全面解体，另一方面以“包产到户、包干到户”为标志的家庭经营体制基本确立，标志着农村土地使用制度发生了根本性转变。

（二）家庭联产承包责任制在发展中的适度调整

改革开放而迈入正轨，发展势头锐不可当。以农村为突破口的改革开始向城市推进，由个别领域、行业起步的改革开始向多领域、多行业挺进。就经济体制而言，在计划经济体制向市场经济体制转型的过程中充满着剧烈变动，各行各业也不断地分化、改组，推进着农村经济体制改革向纵深发展。农业生产力的巨大发展，农业生产资料和大量的农产品突破了“国家统购统销”的制度限制，开始进入流通领域。1984 年，全国性的“卖粮难”现象郑重宣告，

① 1984 年1 号文件：关于 1984 年农村工作的通知［EB/OL］. http：//www. china. com. cn/aboutchina/data/zgncggkf30n/2008-04/09/content_ 14685167. htm.

家庭联产承包责任制的重大政策改革是成功的。亦不否认，此时联产承包责任制也受到某些人的非难。为了使家庭联产承包责任制得到更好的贯彻执行，土地产权制度在稳定发展中又有较大创新。

家庭联产承包责任制的推行，大量农产品需要找市场、有销路。为了使农业生产适应市场需求，促进农村产业结构调整、优化，进一步讲清楚农村土地承包经营问题很有必要。1985 年 1 月，中共中央发出的《关于进一步活跃农村经济的十项政策》文件明确了农村工作的重点，即“进一步改革农业管理体制，改革农产品统购派购制度，在国家计划指导下，扩大市场调节，使农业生产适应市场需要，促进农村产业结构的合理化，进一步把农村经济搞活”，“联产承包责任制和农户家庭经营长期不变”[①]。以此为重要标志，我国农村迈入了又一轮改革大潮中。1986 年 1 月，中共中央、国务院印发的《关于 1986 年农村工作的部署》强调了农村工作总的要求：落实政策，深入改革，改善农业生产条件，组织产前产后服务，推动农村经济持续稳定协调地发展。指出推进农村工作，必须做到农业和农村工业协调发展，将“无工不富”与“无农不稳”有机结合起来。不仅如此，还将家庭联产承包责任制载入基本法，以法律形式确认了家庭联产承包责任制在国家政治经济生活中的地位。1986 年 6 月，第六届全国人大常委会第 16 次会议通过《中华人民共和国土地管理法》规定：全民所有和集体所有的土地都可以由集体或者个人承包经营，并根据自己意愿从事农、林、牧、渔等“大农业”生产，并且明确指出土地的承包经营权与土地所有权、使用权一样，同样是受法律保护的。这不仅充实了土地承包政策的内涵，也使土地承包由理论层面走向现实层面。1987 年 1 月，中共中央发出《把农村改革引向深入的通知》。通知指出：完善分散经营和统一经营相结合的双层经营体制，稳定家庭联产承包制；发展

---

① 中共中央、国务院关于进一步活跃农村经济的十项政策［EB/OL］. http：//www. chinalawedu. com/news/1200/22016/22017/22040/2006/3/li21412838736002642-0. htm

多种形式的经济联合；对农村各类自营专业户、个体经营者实行长期稳定的方针；调整产业结构，促进农业劳动力的转移[①]。

在家庭联产承包责任制实行的过程中，人们的思想认识再次出现偏差，在实践中亦有某些混乱，甚至在20世纪80年代末呈现滋生蔓延之势。为了有效地遏制此类现象，1990年12月，中共中央、国务院发布了《关于1991年农业和农村工作的通知》明确要求各级党委和政府要把做好农业和农村工作摆在首位，切实抓好“稳定完善以家庭联产承包为主的责任制，建立健全农业社会化服务体系、坚持不懈地抓好农田水利基本建设”等六项工作。1991年11月，十三届八中全会又发布了《关于进一步加强农业和农村工作的决定》，明确规定：“把以家庭联产承包为主的责任制、统分结合的双层经营体制，作为我国乡村集体经济组织的一项基本制度长期稳定下来，并不断加以完善。”[②] 将家庭联产承包责任制、统分结合经营制纳入中共中央文件尚是第一次，从而使家庭联产承包责任制、统分结合经营制更具权威性、公信力。

家庭联产承包责任制以坚持土地集体所有为前提和基础，使集体公有财产的权能结构发生分离。土地所有权和处置权仍然归集体所有，但是农民却掌握了土地的经营权，土地收益权也在两者之间进行分割，“留够集体的，剩下的全部是自己的”就是对土地收益权分割最形象而又简明的概括。土地收益分配体制的巨大变化，农民重建了除土地以外的家庭私有产财，增加了农民的劳动热情和增加资本积累的积极性，加速了农村生产力的发展。

---

① 1987年1月22日中共中央发出《把农村改革引向深入》的通知［EB/OL］. http：//cpc.people. com. cn/GB/64162/64165/76621/76644/5290655. html

② 关于进一步加强农业和农村工作的决定［EB/OL］. http：//hk. lexiscn. com/law/law-chinese-1-1877658. html

三、马克思土地产权理论中国化的创新："稳定承包关系、鼓励土地流转"

新一轮的改革是全方位、多层次、宽领域的改革，促进传统意义上的自然经济开始向现代市场经济的运行轨道转变。在此过程中，经济体制开始逐步转型，由突破单一的计划经济体制限制，经十余年的探索实践，到1992年10月，明确地提出建立社会主义市场经济体制的目标任务。新的目标任务再度掀起了农村经济发展的高潮，出现了土地产权再度调整的客观需求。就总体趋势而言，土地产权权能分离更趋多样化、复杂化，管理经营方式更加务实灵活。

1993年4月，第八届全国人大修正后的《宪法》规定：农村中的家庭联产承包为主的责任制和生产、供销、信用、消费等各种形式的合作经济，是社会主义劳动群众集体所有制经济。将家庭联产承包责任制列入国家根本大法——《宪法》范畴尚是第一次，使家庭联产承包合作经济成为一项国家基本经济制度，从根本上解决了多年来人们对家庭联产承包责任制的争议与非难。《宪法》的上述规定，为家庭联产承包责任制的重大转型提供了法律上的支撑。为使家庭承包责任制再次落到实处，1993年11月，中共中央、国务院发布了《关于当前农业和农村经济发展的若干政策措施》，指出："在原定的耕地承包期到期之后，再延期30年不变。"① 同时，该文件特别强调，提倡在土地承包期内实行"增人不增地，减人不减地"的办法，但允许土地使用权依法有偿转让。全国各地积极响应国家号召，陆续开展了第二轮土地承包经营，落实土地承包期"再延长三十年不变"的政策。

1995年3月，国务院批转农业部《关于稳定和完善土地承包关

① 中共中央、国务院关于当前农业和农村经济发展的若干政策措施［EB/OL］. http：//www.chinalawedu. com/falvfagui/fg22016/12025. shtml

系意见的通知》中，就稳定和完善土地承包关系的有关问题主要提出“建立土地承包经营权流转机制、做好延长土地承包期工作、加强延长土地承包期工作领导”等七项意见。其间，土地承包经营权流转的建设性意见为土地产权权能经营提供了新的思路和方向。1997 年 8 月，中共中央办公厅、国务院办公厅发出《关于进一步稳定和完善农村土地承包关系的通知》又对土地使用权的流转制作了具体规定，再次肯定了土地承包期延长 30 年的承包经营政策。而且基于农村形势的发展变化，这项制度既不存在“联产”之实，亦无除承担国家税费外的其他“责任”。因此，新颁布的政策文件中将“家庭联产承包责任制”修订为“家庭承包经营制”，这是国家长期坚持的基本制度。

1998 年 10 月，十五届三中全会通过的《中共中央关于农业和农村工作若干重大问题的决定》指出：根据农村形势发展，要抓紧制定确保农村承包关系长期稳定的法律法规，赋予农民长期而有保障的土地使用权。决定还将“家庭承包、统分结合”的双层经营制确定为我国农业和农村跨世纪发展的重要方针。土地所有权仍归集体，而农民以家庭为单位经营土地，且可以适当分散经营，实际上家庭成为相对独立的经营主体。所谓“统”不过是土地所有权的形式，谓之“分”乃土地产权权能的内容，统分结合的双层经营体制使土地的所有权与经营权基本处于分离状态。

只要具备适宜的环境和条件，农民群众的创造力量是无穷的。在中央土地政策的适时调整和指引下，广大农民群众立足地方实际，在坚持家庭联产承包责任制的前提下充分发挥自身的开拓创新意识和务实肯干精神，甩开膀子、大胆试验，不断推动着农村土地产权制度的突破、创新，继而在广大农村出现了多种土地流转形式。譬如，平度市出现的“两田制”、延安等西北地区出现的“四荒地”使用权拍卖，借助企业经营模式在沿海出现的“土地股份合作制”，广东南海市出身的反租倒包，等等。

2001年12月，中央发布的《中共中央关于做好农户承包地使用权流转工作的通知》认为，“农户承包地使用权流转要在长期稳定家庭承包经营制度的前提下进行，承包地使用权流转同时必须坚持依法、自愿、有偿的原则”①。并在此基础上，对农户土地使用权的流转主体、流转方式和流转收益等做出具体规定。2002年11月，十六大报告将“有条件的地方可按照依法、自愿、有偿的原则进行土地承包经营权流转，逐步发展规模经营”载入其间并就农村土地流转作了全面阐述。继此之后，十六届三中全会、四中全会认为“土地家庭承包经营是农村基本经营制度的核心”，土地流转是土地承包经营权的流转，以此为基础可以发展多种形式的规模经营。

2005年3月，温家宝在政府工作报告中明确提出：“明年将在全国全部免征农业税。原定5年取消农业税的目标，3年就可以实现。”② 免税惠农政政策宣告了延续2600余年的“皇粮国税”正式终结，预示着中国农村经济发展将迈入新的历史时期。正基于此，有人将免税惠农举措誉为继土地改革、联产承包之后中国农村的“第三次革命”，就其重大意义而言，实则不虚矣！2007年10月，十七大报告一方面指出：“农村综合改革逐步深化，农业税、牧业税、特产税全部取消，支农惠农政策不断加强”，但“农业稳定发展和农民持续增收难度加大”，要不断推进社会主义新农村建设；另一方面又强调：“深化农村综合改革，推进农村金融体制改革和创新，改革集体林权制度。坚持农村基本经营制度，稳定和完善土地承包关系，按照依法自愿有偿原则，健全土地承包经营权流转市场，有条件的地方可以发展多种形式的适度规模经营。”③ 2008年

① 中共中央关于做好农户承包地使用权流转工作的通知（2002）［EB/OL］. http：//www. law-lib. com/law/law_ view. asp？ id=97289

② 温家宝：明年将在全国全部免征农业税［EB/OL］. http：//politics. people. com. cn/BIG5/1026/3220928. html

③ 胡锦涛. 高举中国特色社会主义伟大旗帜为夺取全面建设小康社会新胜利而奋斗［N］. 人民日报（第2版），2007-10-25.

10月，十七届三中全会通过的《中共中央关于推进农村改革发展若干重大问题的决定》明确提出“现有农村土地承包关系要保持稳定，并长久不变。”[①] “长久不变”取代“长期不变”，赋予了农民更加充分而有保障的土地经营权，等于给农民吃下一颗“定心丸”。此外，为充分保障农民权益，还增设了“三个不得”的限制性条款，即不得改变土地集体所有权性质、不得改变土地用途、不得损害农民权益。以此为重要开端，中国掀起了新一轮的农村土地改革。

这表明，在马克思土地产权理论中国化创新发展的进程中，始终保持着土地所有权的公有制性质，即全民所有制和集体所有制两种最基本的形式。家庭承包经营、统合结合双层经营是土地所有权派生权能即使用权、收益权的拓展和延伸，而此经营形式的变化和调整都是围绕于此展开的，是我国现代农业发展的客观要求和人民群众的强烈呼声的真实反映和体现。

① 中共中央关于推进农村改革发展若干重大问题的决定［N］．人民日报（第1版），2008-10-20.

第四章　马克思土地产权理论中国化的理论成果

马克思、恩格斯曾经向全世界庄严宣告，“共产党人可以用一句话把自己的理论概括起来：消灭私有制。”[①] 历届中央领导集体及一代又一代的中国共产党人为着这一崇高的目标，从中国的具体国情出发，不断推进马克思土地产权理论中国化。90余年不懈地努力探索中，在消灭土地私有制、巩固土地公有制和经营土地产权方面做出了重大的理论贡献，逐步形成了中国化马克思土地产权理论成果，即毛泽东土地产权思想和中国特色社会主义土地产权理论。而马克思土地产权理论中国化进程中形成的两大理论成果，也始终围绕着“土地归谁所有”即土地所有权问题和“土地如何经营”即土地使用权、经营权问题这两个关键问题展开。前一个问题决定着国家或社会关系的性质，后一个问题决定着土地使用经营过程中相关利益主体之间的权、责、利关系。

第一节　毛泽东土地产权思想

什么是马克思主义、如何对待马克思主义是尚处于时期的中国

① 马克思，恩格斯．马克思恩格斯选集（第1卷）［C］．北京：人民出版社，1972：265.

共产党幼年就试图搞清楚却终难明白的问题。就如何对待马克思主义，中国早期共产主义者的代表人物李大钊在《再论问题与主义》一文中就指出，把马克思主义“拿来作工具，用以为实际的运动，它会因时、因所、因事的性质情形生一种适应环境的变化”。时代不同，变化异矣！同时又指出，“一个社会主义者，为使他的主义在世界上发生一些影响，必须要研究怎么可以把他的理想尽量应用于环绕着他的实境”[①]，而这句话所传递的重要信息，就是马克思主义、社会主义必须中国化的问题。同样注意到此问题的，还有毛泽东、恽代英、张太雷等一批早期共产主义者。在中国革命、建设的探索中，毛泽东不仅提出和论证了“马克思主义中国化”的命题，还正确地理解、运用马克思主义，实践着马克思主义。在土地产权问题上，毛泽东对马克思的土地产权理论既有批判继承的部分，更有发展创新的部分。

一、“耕者有其田”的产权思想

根据马克思土地产权理论，土地终极所有权在土地产权权能体系中居于核心地位，是其衍生权能形成的前提和基础。站在此角度上说，解决中国农民最关心的土地问题就必须铲除封建土地私有制的根基，将地主土地私有制转化为农民个体所有制，实现耕者有其田。早在中国共产党成立之时，制定的“一大”党纲指出：“消灭资本家所有制，没收机器、土地、厂房和半成品等生产资料，归社会公有”[②]。实现“土地公有”是中国共产党奋斗的重要经济目标，然而推进“土地公有”的实践却需要付出巨大艰辛。

实行耕者有其田的土地政策即“农民个体所有、家庭自主经营”土地政策是实现“土地公有”的先期必要步骤，是以毛泽东为

① 李大钊．李大钊全集（第1卷）［M］．石家庄：河北教育出版社，1999：3.

② 中央档案馆．中共中央文件选集（1921—1925）［Z］．北京：中共中央党校出版社，1982：5.

核心的中央领导集体在领导新民主主义革命的伟大实践中所坚持的正确主张和行动准则。毛泽东指出：“中国一切政党的政策及其实践在中国人民中所表现的作用的好坏、大小，归根到底，看它对于中国人民的生产力的发展是否有帮助及其帮助之大小，看它是束缚生产力的，还是解放生产力的”[①]。判断一种土地政策的好坏又何尝不是如此呢？在酝酿研讨、颁布实施“耕者有其田”的土地政策的多维审视中，毛泽东“耕者有其田”的土地产权思想逐步形成发展、丰富完善。而透过新民主主义革命时期“耕者有其田”土地政策演进发展、实质内容、地位作用等的梳理分析，即可览阅“耕者有其田”土地产权思想的全貌。

（一）“耕者有其田”的土地政策是党领导革命胜利的重要保证

“政策是革命政党的一切实际行动的出发点，并且表现于行动的过程与归宿。”[②] 传统中国社会，农民占人口的绝大多数，而农民以耕作为业，与土地有着天然的密切的联系，因而他们与土地的关系问题是任何革命政党都必须重视的问题。中国共产党相当重视农民问题、土地问题，视农村土地政策为自己赖以存在发展的基础。“一大”党纲虽然没有明确的、具体的民主革命时期如何解决农民土地问题的规定，但却就机器、土地、厂房等生产资料作了较为笼统的规定，明确地提出了用“没收”的方式使土地“归社会公有”的政策目标。遗憾的是，党纲并没有就如何“没收”做出具体规定。1925 年 10 月，中国共产党召开的中共中央扩大执行委员会议，已经触及到了农民的土地所有权问题，通过的文件中出现了“没收军阀官僚寺院大地东的田地，归耕地的农民所有”，“谁耕种的田地归谁自己所有，不向地东缴纳租课”[③] 等表述，确定了“耕地农有”

① 毛泽东选集（第 3 卷）［M］. 北京：人民出版社，1991：1079.

② 毛泽东选集（第 4 卷）［M］. 北京：人民出版社，1992：128.

③ 中央档案馆. 中共中央文件选集（第 1 册）［Z］. 北京：中共中央党校出版社，1982：512-513.

的土地纲领。1927 年 4 月，瞿秋白就“耕地农有”作了解释，认为“农民自己耕三亩田，享用三亩，耕五亩享用五亩，这些田地是只属于国家所有，但是耕种的人自耕自享，不能承认地主，这就叫作耕地农有!”① 1936 年毛泽东在延安回答美国记者洛易斯·惠勒·斯诺有关革命、农民和土地问题的提问时说：“谁赢得了农民，谁就会赢得中国，谁能解决土地问题，谁就会赢得农民”②。正是由于实行了正确的耕者有其田的土地政策，才激起了农民参加革命的热情，中国共产党才能不断发展壮大，并取得中国革命的最终胜利。

（二）“耕者有其田”思想的演进发展

“反帝反封建”是近代中国革命的根本任务，亦是中国共产党倾力解决的问题。而其间的“反封建”就是彻底铲除封建制度赖以存在的封建土地私有制的这个经济基础，反对封建势力的压迫和剥削。铲除封建剥削的经济基础经历了“限租、限田”—“耕地农有”—“减租减息”—“耕者有其田”的演进历程。

1. 主张“限租、限田”

其实，“限租”和“限田”是中国共产党初创时期两个性质不同的土地政策。“限租”是以承认土地地主私有为前提和基础的，地主拥有土地数量尚未纳入限制范围；而“限田”则是对“限租”的进一步发展，承认部分土地地主私有，但其数量超过规定的田亩数量就应当没收。“限租、限田”是党在幼年时期关于土地问题的政策主张。

在党的幼年时期，无论对中国国情的把握还是对中国革命性质的认识都存在偏差，在对待马克思主义的态度上，多存借鉴而少有创新。“一大”提出的包括土地在内的生产资料归社会公有亦更多地受到马克思主义的深刻影响，蕴含着党的土地问题的初浅思考。

---

① 瞿秋白．瞿秋白选集［C］．北京：人民出版社，1985：347.

② 洛易斯惠勒斯诺．斯诺眼中的中国［M］．北京：中国学术出版社，1982：47.

1921年9月，沈玄庐成立萧山“衙前农民协会”时做出了“世界上土地应该归农民使用”，“该归农民所组织的团体保管分配”[①]等严正声明，土地社会公有到“团体分配、农民使用”的转变，表明党的土地政策由模糊而趋向清晰，是党“耕地农有”思想的初步酝酿。1922年6月，“耕地农有”作为一项政策主张载入了中共中央的正式文件，在《中共中央第一次对于时局的主张》中明确要求：“肃清军阀，没收军阀和官僚的财产，将他们的田地分给贫苦农民”[②]，“耕地农有”思想逐渐变得清晰起来。但是，基于中国农民劳动者不及自耕农、佃农之多的复杂现状，在农民运动和土地斗争的实践中，仍然执行着“限租、限田”为基调的行动纲领，“限田即限制私人地权在若干亩以内，地主超过限田的部分，归耕种该地的佃农所有”，“限定租额即在农村组织佃农协会，按收成丰歉议定缴地主的租额”[③]。

2. 贯彻“耕地农有”

农民以农为业，始终有获得土地的强烈愿望。1925年，经国共两党的共同努力，广东革命根据地建立并得以巩固。在根据地范围内，普遍设立了农会并在其领导下，减租减息运动开展得有声有色。1925年1月，中共“四大”通过了《对农民运动的议决案》，明确地提出了“应使农民向国民党政府要求以官地分给贫农”[④]的政治主张。此即表明，随着革命形势的发展，农民获得土地的愿望渐趋强烈，中国共产党顺势推动着“限租、限田”向“耕地农有”的方向发展。1925年10月，中共中央扩大会议通过的《中国现时的政局与共产党的职任议决案》，提出了“没收大地主、军阀、官僚、庙宇的田地交给农民”的最终目标。实现这一目标就必须联合

① 高熙．中国农民运动纪事（1921—1927）［M］．北京：求实出版社，1988：1-2.

② 中共中央文件选编（1921—1925）［C］．北京：中共中央党校出版社，1983：5.

③ 中共中央文件选编（1921—1925）［C］．北京：中共中央党校出版社，1983：113.

④ 赵效民．中国土地改革史［C］．北京：人民出版社，1990：76.

广大的工人、农民和其他进步阶级，推翻军阀割据政府，建立工农联合政权，借助政权的力量没收大地主的土地，并将其分配给无地或少地的农民。根据中央扩大会议精神，各地制定了以“耕地农有”为目标的土地革命方案。1926 年 11 月，中共中央政治局和共产国际代表联席会议草拟的《中国共产党关于农民政纲的草案》明确规定：“没收大地主、军阀、劣绅及宗祠的土地，分给农民，保证佃户在其所耕的土地上有无限期的租佃权利”①，而消灭土地私有制是解决这一问题的根本办法。1926 年底到 1927 年初，湖南、江西、湖北等地的农民运动开展得如火如荼，出现了以夺取土地为直接目标的革命斗争，通过“分田”“平均佃权”“插标占田”等多样化形式使农民获取了土地。这场革命运动标志着“耕地农有”主张开始由理论层面转向实践探索。

“八七”会议是清算错误、总结经验的一次盛大会。会议明确指出：“土地革命，其中包含没收土地及土地国有——这是中国革命新阶段的主要的社会经济内容”②。此后，“耕地农有”主张逐步付诸实践中。那么，没收土地所指涉的对象又是谁呢？是指一切反动剥削阶级，还要视不同情况给予区别对待。“本党不提出没收小田主土地的口号，是为着要使城乡间广大的小私有财产者之分子中立”③ 的规定虽然没有指明没收土地的具体对象，但从行文可见，小田主是有别于大中地主的，应当区别对待。但是，南昌起义、秋收起义和广州起义等武装暴动以后，中共中央又肯定了没收小地主土地的主张，在向广东省委回函中重申“对于小地主的土地必须全部没收”④，同时以中共中央的名义向其他地区发出指示。1927 年

---

① 中央档案馆．中共中央文件选编（第 2 册）［Z］．北京：中共中央党校出版社，1983：89.

② 中国社会科学院经济研究所中国现代经济史组编．第一、二次国内革命战争时期土地斗争史料选编［C］．北京：人民出版社，1981：155.

③ 中央档案馆．中共中央文件选集（1927 年）［C］．北京：中共中央党校出版社，1983：226.

④ 陆吉元．中国农村社会经济变迁（1949—1989 年）［C］．太原：山西经济出版社，1993：8-49.

11 月，临时中央政治局通过的《中国共产党土地问题党纲草案》主张“一切地主的土地无代价的没收”，“一切没收的土地之实际使用权归之于农民。租田制度与押田制度完全废除，耕者有其田”。[①] 而没收的土地的终极所有权属于苏维埃政府，并由苏维埃政府向农民颁发土地使用证，也就是说，农民实际上获得的只是土地使用权。中国共产党制定颁布的第一部土地法，即《井冈山土地法》中关于“没收一切土地归苏维埃政府所有”的规定就是最有力的证明。

废除封建土地所有制就是要没收地主的土地，而通过没收手段获得的土地究竟应当归谁所有呢？关于这个问题，在党内也曾发生过激烈的争论。其中，“土地归国家所有、分配给农民使用”和“耕地农有即土地所有权归农民所有”是当时党内最具代表性的两种基本观点。但是，“土地国有”的实践推进中，一次又一次的分田地运动，农民感觉到土地不是自己的，耕作的积极性普遍不高，甚至有些根据地还出现了农民对土地革命怀疑和抵触的现象。1930 年 7 月，共产国际向中共中央提出“苏维埃区域之中，党的注意的中心，应当是土地问题的解决。……土地依平均分配的原则交给贫农和中农；同时，不要把没收的原则应用到富裕农民的土地上去”[②]，同时在调查土地革命的发展进度的过程中也使党对这一问题有了更加深刻的认识，从而开始了土地所有权从国有向土地所有权农有的逐步过渡。

1930 年 9 月，周恩来在六届三中全会上传达共产国际指示时进一步指出：土地国有问题，目前是宣传而不宜实行土地国有，……“不能说农民已经打破了私有观念。所以禁止土地买卖，目前是不需要的。”与此同时，全国苏维埃大会中央准备委员会会议修订的《土地暂行法》中虽然没有明确提出允许土地买卖，但也并未将

① 中国社会科学院经济研究所中国现代经济史组编．第一、二次国内革命战争时期土地斗争史料选编［C］．北京：人民出版社，1981：184-194.

② 中央档案馆．中共中央文件选编（第 3 册）［Z］．北京：中共中央党校出版社，1983：276.

“禁止一切土地的买卖、租佃、典押”的条文载入其间。六届三中全会精神在各根据地的贯彻，《总前委与江西省行委联席会议对于土地问题决议》《关于土地问题决议案大纲》《土地革命法令》《租田条例》等文件颁布实施，在解决土地买卖问题的同时，进一步动摇了土地公有政策。

1931 年 2 月，苏区中央局在通告第九号《土地问题与反富农策略》中一方面指出“农民是小私有生产者，保守私有是他们的天性，在他们未认识到只有土地社会主义化，才是他们的经济出路以前，他们是无时不在盼望着不可求得的资本主义的前途”。另一方面认为农民“热烈地起来参加土地革命，他们的目的，不仅要取得土地的使用权，主要的还要取得土地的所有权”。[①] 苏区中央局 9 号通告的发布，纠正了土地公有政策的偏差，确认了农民的土地所有权。1933 年 6 月，中华苏维埃临时中央政府颁布了《关于实行土地登记》，又以法律形式肯定了农民对土地的所有权。顺应历史发展和农民愿望，经多次反复调整，悬而未决的土地所有权问题终而落地生根并在根据地开始逐步推行。

3. 倡导“减租减息”

农民土地所有权得到确认的同时，又适当地考虑到地主、富农的权益。1931 年 11 月，中华苏维埃共和国第一次全国代表大会通过了《中华苏维埃共和国土地法》，明确规定：地主“没有分配任何土地的权利”、富农“可以分得较坏的劳动份地”[②]，地主和富农虽然都属于剥削阶级范畴，但毕竟是不同的两个阶层，土地革命活动中应当区别对待。为保证共产国际和中央路线切实执行，中共中央还专门制定了巡视员条例，派巡视员到根据地督促推动该项政策的落实。“地主不分田，富农分坏田”政策局限性也是明显的，它不仅伤害了富农的感情，也使农民的生产热情无法高涨起来，农村

① 中央档案馆．中共中央文件选集（第 7 册）［Z］．北京：中共中央党校出版社，1982：235.
② 中央档案馆．中共中央文件选集（第 7 册）［Z］．北京：中共中央党校出版社，1982：471.

生产发展呈现萧条景象，经济恢复相当滞缓。1935 年 12 月，毛泽东就曾强调："富农可与贫农、中农分得同等土地。过去分坏田的原则是不对的。"[①] 随后，中共中央《关于改变对富农策略的决定》特别强调指出："对于富农只取消其封建式剥削的部分，不没收其经营的土地、商业和财产"，"富农也应平均分得土地，不能特别分给坏田地"[②]。1936 年 7 月，政治局常委会议讨论了新形势的土地政策问题。一致认为在全国政治情况与社会关系重大变的情况下，土地政策应当进行必要的调整，会议形成的《关于土地政策的指示》规定：地主在没收其土地之后，可以分给他们"耕种份地及必需的生产工具和生活资料"，且对生活景状不好的小地主的土地不宜采取没收的手段。1937 年 8 月，中共中央通过的《抗日救国十大纲领》，决定将"减租减息"作为抗战时期解决农民土地问题的基本政策。但是，新民主主义革命不是消灭土地私有，而是要土地剥削；意欲实行的，也非土地集体公有制，而是土地农户私有制，这是革命时期调动农民革命积极性的关键所在。抗战结束后，伴之革命形势的变化，中共中央再度调整了解决土地问题的办法。1946 年 5 月，中共中央发布了《关于清算减租及土地问题的指示》，决定将"减租减息"的土地政策，调整为没收地主土地分给农民，使农民成为土地的所有权人。就执行效果来看，实行"耕者有其田"是最得人心、最具革命性的政治纲领，是毛泽东在政治上的伟大创造，也是新民主主义革命取得胜利的重要基础。

（三）"耕者有其田"提出的背景条件和实践推进

"耕者有其田"出自孙中山撰写《民生主义》一文，而这也是中国共产党早期解决土地问题的重要选项，只是受制于特定的环境

① 中共中央文献研究室编．毛泽东年谱（1893—1949）（上卷）［C］．北京：中央文献出版社，1993：493.

② 中央党史研究室张闻天选集传记组．张闻天文集（第 2 卷）［C］．北京：中共党史资料出版社，1990：33-34.

条件，未能得到很好地贯彻。迎来全国性抗战胜利以后，“耕者有其田”的政治主张“不但口讲，而且实做”[①] 的时机和条件基本成熟了。

1. “耕者有其田”提出的背景条件

（1）获得土地是农民的迫切要求。伴之反奸清算、“减租减息”运动的深入开展，农民获得土地的愿望愈发高涨，纷纷要求将没收地主的土地转为自己所有，实现“耕者有其田”。况且在革命基础好、农民意愿强烈的一些地方，土地问题解决得总体较好，进一步刺激了农民获得土地的欲望。此时的形势，正如毛泽东指出的：“现在类似大革命时期，农民伸出手来要土地，共产党是否批准，今天必须表明态度。”[②] 面对逼人的形势，中国共产党将解决解放区的土地问题当作最基本的历史任务，作为工作开展的最基本的环节。

（2）纠正社会各阶层各种错误思想和偏激态度的客观需要。随着反奸清算运动的深入开展，汉奸、豪绅、恶霸、地主遭到清算，他们失去了土地、房屋等财产，被迫逃往城市谋求生路，言语间对解放区群众运动的充满谩骂和诬蔑，甚至存在着仇视的态度。这种现象引起了广大中间阶层的恐慌和疑虑，对中国共产党的政策也产生了怀疑。社会各阶层对土地问题的抱持的消极态度和复杂情绪，引起了中央领导集体的高度关注。毛泽东就曾指出：“如果党在领导群众斗争过程中确实发生有过火的行动，必须注意于适当时机加以纠正。但是纠正过程中，绝对不可泼冷水，绝对不可使他们感觉受了挫折。”[③] 在适当约束、及时纠正土地运动中过激行为的同时，对汉奸、豪绅、地主的诬蔑也敢于表明态度，给予坚决地驳斥。

---

① 毛泽东．毛泽东选集（第3卷）［C］．北京：人民出版社，1991：1074.

② 中共中央文献研究室编．毛泽东年谱（1893—1949）（下卷）［M］．北京：人民出版社，1993：78.

③ 中共中央文献研究室编．毛泽东文集（第4卷）［M］．北京：人民出版社，1996：104.

（3）革命形势迅猛发展的现实需要。在关于和平建国纲领的草案中，就土地问题，中共代表团贯彻中央精神，坚持认为，“实行农业改革，扶助农民组织，推行全国减租，适当的保护佃权并保证交租”。[①] 由此而知，到1946年初，中国共产党仍然兑现着“减租减息”的庄严承诺。在减租减息运动中，打击富农与中小地主的偏激行为必须择以适当时机给予纠正。但是，以蒋介石为首的国民党反动集团发动内战，改变了“减租减息”政策的执行环境，使广大人民群众逐渐认清了蒋介石反动集团假和平真内战的面目，推行耕者有其田的条件趋于成熟。诚如刘少奇所言，“彻底平分土地是适时的，不迟也不早”[②]。

2. “耕者有其田”的实践推进

在解放战争初期，绝大部分土地仍然掌握在地主富农手中，实现“耕者有其田”，就是要实现土地所有权的转移，没收地主土地并将这些土地分配给无地或少地的农民。土地所有权的转移是围绕土地产权问题而展开的，是敌我力量的又一次较量，要讲究斗争的方式和策略。

（1）土地产权转移的方式

《关于土地问题的指示》详细地阐述党由“减租减息”到“耕者有其田”土地政策转变进程中依据的基本原则和采取的方式方法等。总的来说，实现土地产权的转移是一项复杂艰巨的任务，“暴力”方式和“和平”方式是最基本的两种手段。以“和平”方式实现土地产权转移。解放战争期间，土地所有权人包括大地主、中小地主、富农和其他社会群体，其中的一部分人既然是剥削者又是劳动者，区别对待是减少矛盾、避免纠纷的可行性办法。《关于土地问题的指示》指出：“对于中小地主的生活应给以相当照顾，对待中小地主的态度应与对待大地主、豪绅、恶霸的态度有所区别，

① 中共党史教学参考资料（第3册）［M］．北京：人民出版社，1979：114.
② 刘少奇选集（上卷）［M］．北京：人民出版社，1981：386.

应多采取调解仲裁方式解决他们与农民的纠纷。”[①] 鼓励和提倡地主以“自愿”方式“出卖”土地、农民以“清算”方式“购买”地主土地，或通过政府公债征购后将土地分配给无地或少地的农民。而这样做，是“由当时的客观形势决定的，是符合当时的实际情况和客观需要的，”[②] 必须以“暴力”方式推动土地产权转移。1947年10月，作为各解放区推进耕者有其田的政策建议，《中国土地法大纲》颁布实施。该大纲一方面做出了“分配给人民的土地，由政府发给土地所有证，并承认其自由经营、买卖及在特定条件下出租的权利”、“乡村人民均获得同等的土地，并归各人所有”的规定，另一方面指出：“对于一切反抗或破坏本法的罪犯，应组织人民法庭予以宣判及处分”[③]，即是说，对违反《中国土地法大纲》，阻挠或破坏土地改革运动的，将施以国家暴力的强制措施。因而就其性质而言，《中国土地法大纲》高举废除封建地主土地所有制的旗帜，是一个彻底反封建的土地革命纲领。

（2）“耕者有其田”的土地分配方案

土地产权转移包括从地主富农手中转出和向农民手中转入两个方面。而转移到农民手中实际上就是土地的分配问题。针对具体情况，中共中央制定了“平分土地”、“中间不动两头平”、“在原有耕地基础上进行抽补调整”等分配方案。政策方案的贯彻落实满足了农民获得土地产权的夙愿，调动了他们从事农业生产积极性，进一步解放、发展了农村生产力，恢复了农村经济，改善了群众生活，为新民主主义的彻底胜利创造了条件。第一，“土地均分”的分配方案。“凡天下田、天下人同耕”通俗易懂、思想朴素，然而却蕴含着深刻的道理。对于受中庸思想长期浸染的中国农民而言，土地均分是最富有号召力的革命口号，既是组织、发动农民群众的

---

① 中央档案馆．中共中央文件选集（第7册）［Z］．北京：中共中央党校出版社，1982：171.

② 郭德宏．中国近代农民土地问题研究［M］．青岛：青岛出版社，1993：396-397.

③ 中央档案馆编．解放战争时期土地改革文件选集［C］．北京：中共中央党校出版社，1981：86.

有力武器，亦是肃清封建余孽的最好办法。1947 年 12 月，毛泽东在《目前形势和我们的任务》中就直截了当地指出："实行耕者有其田的土地制度的原则下，按人口平均分配土地。这是最彻底地消灭封建制度的一种方法，这是完全适合于中国广大农民群众的要求的。"① 当然，在"土地均分"推进实施中，又考虑到中农的实际利益，做到有所倾斜。第二，"中间不动两头平"的分配方案。从毛泽东关于《目前形势和我们的任务》的讲话中不难得知：积极稳妥地推进土地改革必须坚持最基本的两条原则，即满足贫农和雇农的要求的同时注意团结中农而不损害其利益。1948 年 1 月，任弼时就土地改革中的几个问题发表讲话时亦强调了照顾中农利益的重要性，认为推进土地改革，"应照富裕中农待遇，其土地在平分时应取得本人同意，方能抽动其按照一般中农水平的多余部分，如果本人不同意，则不应抽动"②。而排斥中农的倾向是非常危险的，引借扫地出门的办法是不行的。1948 年 2 月，《中共中央关于在老区半老区进行土地改革工作与整党工作的指示》指出，所有老区和半老区可根据三种不同情况，采取"平分土地和调剂土地并用"的方针。1949 年 8 月，毛泽东为中共中央起草《同意以中间不动两头平的政策解决河南土地问题》的电报中一方面回复"同意以中间不动两头平的政策"③，作为解决河南乃至全国的土地问题基本点。此后，"中间不动两头平"逐渐取代了"土地均分"分配方案。第三，"在原有耕地基础上进行抽补调整"的分配方案。减少土地变动是恢复农业生产、发展农村经济的有效办法。为尽快地恢复农业生产，1950 年 6 月颁布的《中华人民共和国土地改革法》明确规定：禁止打乱重分，避免过多的不必要的土地变动，"在原耕基础上分

---

① 毛泽东．毛泽东选集（第 4 卷）［C］．北京：人民出版社，1991：1250.

② 中共中央党校党史教研室．中共党史参考资料（6）［C］．北京：人民出版社，1979：343-353.

③ 毛泽东．毛泽东文集（第 5 卷）［C］．北京：人民出版社，1996：324.

配土地时，原耕农民自有的土地不得抽出分配。原耕农民租人的土地抽出分配时，应给予原耕农民以适当的照顾。”① 而这样做，减少了对土地等生产资料的变动和破坏，对农业发展显然是有助益的。

有效的方式、得当的方案使“耕者有其田”政策得到了很好的贯彻执行。在党的正确领导下，通过广大干部群众几年的艰辛付出，土地产权转移基本实现，达到了“耕者有其田”的政策目标。

（四）“耕者有其田”的显著特点

在推进土地改革运动的实践中，一方面始终坚持以土地所有制转变为政策原则，切实贯彻“依靠贫农、雇农，团结中农，中立富农，有步骤地、有分别地消灭封建制度，发展农业生产”的政策路线，另一方面又科学把握政策策略的灵活性，使“消灭封建制度、保存富农经济”② 的政策措施价值效果发挥到了极致。

1. “地主留有生路”

对于封建剥削现象及其本质，需要将其放在特定的历史背景下，运用辩证唯物主义的观点和方法论进行分析。整个地主阶级又具体分为多个阶层，“除罪大恶极的土豪劣绅及坚决反抗土地改革的犯罪分子，应由法庭判处死刑或徒刑外，对于一般地主只是废除他们的封建的土地所有制，废除他们这一个社会阶级，而不是要消灭他们的肉体”。③《中华人民共和国土地改革法》旨在废除地主阶级封建剥削的土地所有制，实行农民的土地所有制，而在没收地主土地、房屋等生产资料的政策执行中，“没收地主阶级的土地和其他生产资料之后，仍分给地主一份土地和其他生产资料，使地主也能依靠自己的劳动维持生活。”④ 即是说，地主虽然丧失了大量的土

---

① 中央档案馆．中共中央文件选集（1949 年 10 月—1966 年 5 月）［Z］．北京：中共中央党校出版社，2013：362.

② 毛泽东．毛泽东文集（第 6 卷）［C］．北京：人民出版社，1996：75-76.

③ 刘少奇．刘少奇选集（下卷）［C］．北京：人民出版社，1985：34.

④ 中央档案馆．中共中央文件选集（1949 年 10 月—1966 年 5 月）［Z］．北京：中共中央党校出版社，2013：363.

地、房屋，剥削的物质基础不存在了，但是，他们仍然掌握着一定的生产资料，可以将这些生产资料投入到生产环节中去。地主在参加农业生产劳动的环节中，凭借生产资料是能够自食其力的，这对弱化阶级矛盾、推动社会发展也是有百利而无一害的。

2. “富农能够生产”

新中国成立后，恢复生产、发展经济不单纯是劳动者自己的事情，而是关涉全国人民的最高利益。从历史上看，富农经济的存在是恢复生产、发展经济的有益而必要的补充。其实，就如何对待富农、利用富农经济的问题，土地革命时期虽然相关政策反反复复，但也积累了丰富经验。富农属于封建剥削阶级的范畴，但却不同于地主阶级。1949 年 11 月，毛泽东在中共中央政治局会议上就表达了江南土地改革要慎重对待富农的政治主张。1950 年 3 月，毛泽东在《征询对待富农策略问题的意见》中也认为：“采取保存富农经济的政策，不论在政治上和经济上都是必要的。”[①] 1950 年 6 月，毛泽东再次表达了“保存富农经济、促进生产发展”的思想，坚持认为“我们对待富农的政策有所改变，即由征收富农多余土地财产的政策改变。为保存富农经济的政策，以利于早日恢复农业生产，又利于孤立地主，保护中农和保护小土地出租者。”[②] 而这一思想也在随后制定的《中华人民共和国土地改革法》中得到了充分体现。

（五）“耕者有其田”的价值意义

“耕者有其田”是一场深刻的社会变革，彻底摧毁了封建剥削制度的基础，满足了农民群众获得土地的强烈愿望，激发了农民群众参加革命、建设国家的热情。他们对党更加信任和拥护，使解放战争、新生政权获得了政治、经济和军事上的力量源泉，有力地保

① 毛泽东．毛泽东文集（第 5 卷）［M］．北京：人民出版社，1996：13-14.

② 毛泽东．毛泽东文集（第 6 卷）［C］．北京：人民出版社，1996：70.

证了革命的胜利果实。

1. 广大农民获得了土地，生活条件改善、生活水平提高

土地改革运动的大规模开展，使广大农民变成了土地所有权人，有了自己的土地，彻底地摆脱了封建土地私有制的束缚和剥削。正如农业部原部长廖鲁言所言，土地改革中获得经济利益的农民约3亿人，他们分到了7亿亩的土地。据资料显示，占人口比重92.1%的贫农、雇农和中农，其占有耕地比重达到了91.4%①，而且农民“现在不再交租了，已不再为地主劳动”②。农民群众获得土地自然有了劳动干劲且不再需要租地交租，这一方面促进了农业生产力的稳步快速发展，进一步提高了劳动生产率，促进农民家庭收入的明显增长，另一方面由于负担上的较大减轻，家庭生产资料、剩余劳动产品增多，有了改善生活条件的较好物质基础，带来了农民群众生活水平提高。

2. 发展了农业生产、恢复了农村经济

1950年6月，刘少奇作的《关于土地改革问题的报告》中就曾指出：“土地改革的基本目的，不是单纯地为了救济穷苦农民，而是为了要使农村生产力从地主阶级封建土地所有制的束缚之下获得解放，以便发展农业生产，为新中国的工业化开辟道路。”③ 但是，“耕者有其田”的土地改革不单纯是让农民获得土地，拥有土地所有权而自主经营，而是要让农业彻底摆脱封建土地所有制的枷锁，进一步解放和发展农业生产力，创造更多的劳动产品。在党的领导下，到1953年春，除新疆、西藏等少数民族地区和港澳台地区外，土地改革任务基本完成。土地改革使全国3亿多农民无偿分得了土地和大批生产资料，凝聚起从事农业生产的巨大热情。1952年全国粮食产量达16392万吨，比历史最高水平增长9.3%。粮食如此，

---

① 中国农村统计年鉴［M］．北京：中国统计出版社，1989：70.
② 中华人民共和国三年来的伟大成就［M］．北京：人民出版社，1952：15.
③ 刘少奇选集（下集）［M］．北京：人民出版社，1991：34.

棉、油等产量亦如此矣！

3. 农民群众政治地位提高，新生政权得到巩固

土地改革任务基本完成，宣告了我国两千多年的封建土地所有制走到历史尽头，引起了阶级结构及其政治地位的重大变化。地主剥削阶级作为一个整体已经不存在了，他们尽管占有一定量的土地，但却是人数相对较少的社会群体；广大农民获得了土地、农具等生产资料，且在政治上翻身解放，成为新生政权的主人，掌握了自己的命运。在党的领导下，与工人阶级结成了巩固的工农联盟。就土地改革运动，各阶层、各群体怀着怎么样的心态？透过华东局向中共中央所做的总结报告尚可略知一二。华东局在汇报总结中这样写道："贫雇农得地开心，中农有利放心，富农不动定心，地主劳动回心。"① 在党的正确领导下，以工农联盟为主体的社会进步力量通过艰辛的努力，建立了自己的世界，并以极大的热情投身于巩固自己世界的实践活动中。

二、土地集体所有产权思想

"以无产阶级革命军队推翻资产阶级，由劳动阶级重建国家，直至消灭阶级差别；采用无产阶级专政，以达到消灭阶级和阶级差别，实现共产主义的目的"和"废除生产资料私有制，实行社会公有制"载入"一大"党纲当中，并将其确定为党的奋斗目标。而社会主义是共产主义的初级阶段，是向共产主义过渡的历史阶段，也是新生的中华人民共和国不可逾越的发展阶段。社会主义又是以生产资料公有为经济基础的社会。那么，随着土地改革任务基本完成和国民经济逐步恢复，新生的中华人民共和国又当如何实现生产资料私有社会向生产资料公有社会的过渡呢？这的确是一个值得深思之题。

---

① 董辅礽．中华人民共和国经济史［M］．北京：经济科学出版社，1999：87.

（一）土地农民个体所有偏离了生产资料社会主义公有的目标要求

新民主主义社会是一个过渡性质的社会形态，可以分为国民经济恢复和社会主义改造两个阶段。国民经济恢复时期即是社会主义经济建设的准备阶段。1952 年底，恢复国民经济的任务完成，国家财政经济状况有了根本好转，社会主义国营经济的领导地位初步确立，从而为开展有计划的社会主义建设和社会主义改造奠定了基础、准备了条件。1953 年 6 月，毛泽东在中共中央政治局会议上作了关于过渡时期总路线的重要讲话。在谈到农业时，他指出："社会主义道路是我国农业唯一的道路。发展互助合作运动，不断提高农业生产力，这是党在农村工作的中心。"① 与此同时，"耕者有其田"的普遍推行，一方面促进了农民个体经济的快速发展，直接形成了农村个体经济结构，个体经济具有小生产者的意识局限性，其固有的孤立、分散、守旧的特点必然会束缚农业生产力的进一步发展，况且这种经济结构与社会主义国营经济的发展方向是相矛盾、相抵触的；另一方面，土地农民个体所有使农民生产积极性空前高涨，农民勤劳致富而出现了"中农化"倾向，但亦有农民遇天灾人祸或经营管理不善而陷入贫困，这样导致农村已经消失的贫富分化现象再度出现，偏离了"一大"党纲确立的"生产资料公有、消灭剥削压迫"的奋斗目标。这些问题的滋生和蔓延激起了部分农民的不满情绪，也引起了中央领导集体的高度关注和担忧。

（二）土地集体所有思想的演进发展

农业社会主义改造就是在新生人民政权条件下，通过农业合作化运动，借助互助合作形式，把小农经济、农业个体经济逐步改造成为社会主义集体经济，推动土地所有权主体从"农民个体所有"向"劳动群众集体所有"转变。这一社会变革过程，大体分为三个

---

① 毛泽东．在中共中央政治局会议上的讲话［J］．党的文献，2003（04）．

阶段。

1. 农业合作化组织试点试办阶段："土地农民个体所有、生产劳动互助"

小农经济、农业个体经济的固有缺陷和不足不能适应农业现代化建设的要求，与推进社会主义工业化不相适应。使农业经济结构与工业化相适应必须推进农业现代化，需要变土地农民个体所有为劳动群众集体所有，而以单个的家庭劳动组织向多个家庭的互助劳动组织演变即是向此迈进的征程起点。

农民自愿开展劳动互助也就是毛泽东在《长冈乡调查》《才溪乡调查》中提到的"劳动互动社"，其演进发展已经有了数十年的历史。况且，马克思、列宁等的相关著作中对合作社也是肯定的，认为合作社是分散的小农经济、农业个体经济避免陷于穷苦，逐步走上集体化的唯一办法[①]。1943 年11 月，毛泽东在《组织起来》一文中指出："目前我们在经济上组织群众的最重要形式，就是合作社"[②]，指明了农业生产的发展方向。伴之土地改革任务的顺利推进和逐步完成，各种形式的生产互助合作组织已经在全国各地大量出现，截至国民经济恢复任务完成之时，各地成立的农业合作社已经达到了4000 余个[③]。

由于中央和国家的鼓励和大力提倡，农业互助合作组织得到了进一步的发展，互助合作组织逐步成为农业生产活动中一支重要力量。临时互助组是最初的合作组织形式，呈现出明显的临时性、季节性等特征。这种合作组织参与主体相对自由、组织形式灵活多样，也是广大农民最容易接受的合作互助形式。简单劳动互助组织的进一步发展就是常年互助组，具有小组成员固定、延续时间长的特点。相较于临时互助组，常年互助组在形式上有共同的生产发展

① 列宁论．列宁全集（第43 卷）［M］．北京：人民出版社，1987：361－368.

② 毛泽东．毛泽东选集（第3 卷）［M］．北京：人民出版社，1991：268.

③ 薄一波．若干重大决策与事件的回顾［M］．北京：中共中央党校出版社，1991：194.

计划和组织规章制度，在内容上，劳畜互助、技术互助、产销互助等多种形式并存，甚至有的互助组已经有了部分公有财产，如共同所有的农具和牲畜等。正是基于多方面的优势，发展建立常年互动组成为许多农民的迫切要求。而多个常年互助组的结合便成了联队联组的合作组织形式。这种互助组更多地表现为劳动力合作和统一，是增强生产发展能力和抵抗自然灾害的客观需要，是农民自愿组织起来的合作互助组织。就其性质而言，是带半社会主义性质的合作互助组织。

生产劳动互助合作组织是实现农业集体化的重要步骤。通过开展农业互助合作运动，实现了生产要素的有效供给和资源互补，农业资源紧张的局面在一定程度上得到缓解，农业劳动生产率显著提高，广大农民从中得到了较“个体所有、分散经营”更多的实际利益，也培养了集体生产、共同劳动的观念，从而为向着更高阶段的农业合作组织迈进积累了丰富经验。

2. 农业合作化运动全面铺开阶段：“农民个体所有、集体统一经营”

随着农业互助合作组织的迅速推进，合作组织的数量明显增多、质量显著提高，半社会主义性质的联队联组合作组织如雨后春笋般开始大量出现了。在这种发展势头下，以“土地农具入股、集体统一经营”为主要特点的农业生产合作社在先行试办中有了较大程度地发展。与互助组相比，农业生产合作社为生产效能与劳动积极性发挥提供了更大空间，能够“按照各人的特长比互助组更加广泛地改进与提高耕作技术。”①

农业生产合作社是半社会主义性质的初级农业合作社。就土地所有权而言，土地所有权仍然掌握在农民手中，承认土地个体私有，但是农民可以持地折股、劳动力折股等形式加入合作社；就分

① 史敬棠．中国农业合作化运动史料（下册）［M］．北京：生活·读书·新知三联书店，1959：478.

配方式而言，在集体劳动和集体经营中，劳动产品分配采取按户分粮、按劳取酬、按股分红等多样化的分配方式。为了使分配公平合理，还就土地入股、按股分红等问题做出了明确规定。第一，关于土地入股问题。关于入股土地的评定方法各地不尽相同，以查田定产的负担亩为标准有之，按土地评产有之，麦田经社员民主评议后入社亦有之，如就麦田入社有的合作社规定："抽出一部分小麦归合作社，以补偿合作社的损失。抽多少由社员民主评议。若社员所有麦地都差不多，不抽亦可。有的合作社规定麦收归社，付给有麦地的户以适当代价。"① 关于入股土地收益分配形式和分配比例问题，固定报酬制、按产分红制、比例分配与劳动奖励结合制是三种主要的分配形式，但是就分配比例则需要视土地质量与劳动力投入等情况而定，相对较为复杂。关于土地入社多少问题，在承认土地农民私有的前提下，农民携大部分土地甚至是全部土地入社是较常见的亦是颇受欢迎的形式。第二，关于按股分红问题。由于土地和劳动力是最主要的入社形式，因而分红也主要体现在按土地和劳动力确定分红比例这个问题上。《关于发展农业生产合作社的决议》规定："容许各社根据社员民主讨论，在照顾全体社员都能够获得合理利益并能够有利于农业生产合作社发展和有利于生产发展的条件下，分别地妥当处理"，并可视生产增长和群众觉悟，"逐步而稳妥地提高劳动报酬的比例。"② 体现和落实相关文件精神，劳动力为主、土地为辅的分红得到了切实贯彻。

就中国当时农业生产的环境条件而言，"农民个体所有、集体统一经营"有利于组织较大规模的农业生产，克服农业分散经营的弊端和缺陷。同时，这种农业合作组织有利于农民降低对土地的价值预期，在进一步强化劳动观念的同时使土地私有观念逐步淡化，

① 关于农业生产合作社若干问题的商榷［N］. 人民日报（第8版），1952-10-24.

② 史敬棠. 中国农业合作化运动史料（下册）［M］. 北京：生活·读书·新知三联书店，1959：21.

这对推进农业集体化是有积极意义的。

3. 农业合作化运动巩固发展阶段："劳动群众集体所有、集中统一经营"

就消极方面而论，"土地私有、入股分红"的贯彻执行也助长了不劳而获的懒惰心理，浇灭了部分农民的劳动干劲和生产热情，"我土地一年分的够两年坐着吃，既然先人给留下了刮金板（土地），何必下地吃苦呢"。[①] 尽管这是个别现象，却具有一定的典型性。在这种情况下，实现农业合作组织更上一层楼越显重要而迫切。高级社适应了这一形势发展的需要。

高级社汹涌而至、蓬勃发展的过程即是"劳动群众集体所有、集体统一经营"演进发展的过程。高级社是具有完全社会主义性质的农业合作组织形式，要求入社成员的土地、牲畜和大型农具等生产资料全部转为合作社即劳动群众集体所有，由合作社组织集体生产、共同劳动，提倡"各尽所能、按劳分配"。1956 年 6 月，通过的《高级农业生产合作社示范章程》规定：生产资料合作社归集体所有，"社员的土地转为合作社集体所有，取消土地报酬"[②]。此外，该章程就农户种植蔬菜、水果等的自留地，虽然采用"一把尺子量到底"，但在突显灵活性的同时也作了原则性规定。

生产资料归劳动群众集体所有。《高级农业生产合作社示范章程》对土地等主要生产资料作了如下规定："入社的农民必须把私有的土地和耕畜、大型农具等主要生产资料转为合作社集体所有。"[③] 在推进生产资料集体化的实践中，考虑到土地和牲畜、大型农具的固有属性，采取了不同的公有化方式。第一，土地采取无偿

① 史敬棠．中国农业合作化运动史料（下册）［M］．北京：生活·读书·新知三联书店，1959：911.

② 史敬棠．中国农业合作化运动史料（下册）［M］．北京：生活·读书·新知三联书店，1959：218.

③ 史敬棠．中国农业合作化运动史料（下册）［M］．北京：生活·读书·新知三联书店，1959：212.

方式转归合作社。土地就其性质而言不同于牲畜、大型农具，而在推进“耕者有其田”的进程中，由于采取了“以乡或等于乡的行政村为单位在原耕地基础上，按土地数量、质量及其位置远近，用抽补调查方法按人口统一分配”的土地分配办法，农民分到的土地大体上是平均的，彼此之间略有差距但相差不大。况且，当农业合作化发展到高级阶段时，土地所有权基本转移到合作社，所谓的土地收益权已经取消了，劳动产品按劳动者工分进行分配，农民土地私有观念已经淡化，对土地无报酬入社基本不持异议。第二，牲畜、大型农具等生产资料以作价方式“卖给”合作社。牲畜、大型农具等生产资料不同于土地，从财产属性而言，属于流动资产范畴，采取农民自愿、无偿方式转归合作社面临较大的阻力，而通过作价处理，转归合作社，则受到农民的普遍欢迎。

农业合作化运动由初级社向高级社的演进发展，实现了农村土地所有权的和平转移，劳动群众成为土地等生产资料的真正拥有者，小农经济、农业个体经济转变为社会主义性质的集体经济。况且，生产资料“劳动群众集体所有、集体统一经营”的经济形式，在当时的历史条件下，是符合社会主义发展方向的，适应了推进社会主义工业化的客观要求，因而具有积极意义。

三、土地国有化产权思想

土地数量上不能增减、空间上不能位移，是人类生存发展的最基本的生产资料，这种属性决定了它天然应该是公有资源，少数人所得而私即是对社会公共利益的侵占，必然产生剥削和压迫，导致有产者愈发富裕、无产者走向穷困，而土地公有是避免两极分化、奔向共同富裕的最好办法。土地国有化作为土地公有的高级形式，马克思主义经典作家马克思、列宁等都就此问题有过相关论述。

（一）马克思主义经典作家对土地国有化的认识和理解

《论土地国有化》一文是马克思阐述土地国有化思想的集大成

之作，而在此之前，马克思在相关著作中已对土地所有权的未来有所探索。他在《1844 年经济学哲学手稿》中谈到了土地垄断“普遍化”即国家垄断问题，“联合一旦应用于土地，就享有大地产在经济上的好处……土地不再是牟利的对象，而是通过自由的劳动和自由的享受，重新成为人的真正的个人财产。”① 而这里指的“联合”即“自由的联合体”。1848 年，马克思、恩格斯为共产主义者同盟制定的《共产党在德国的要求》中提出了“土地国有”的明确要求。《论土地国有化》则从土地国有化是一种“社会必然性”、土地的耕作最终要由国家控制和土地国有化对社会生产的深刻影响等三个方面对“土地国有”作了全面系统的论述。他认为，社会主义社会农业发展目标就是向土地国有化方向迈进，并在土地国有化的基础上进行劳动者自由联合。在未来社会，“一切生产部门将用最合理的方式逐渐组织起来，生产资料的全国性集中将成为自由平等的联合体所构成的社会的全国性基础，这些生产者将按照共同的合理的计划自觉地从事社会劳动，这就是 19 世纪的伟大经济运动追求的目标”。② 土地国有化将导致劳动和资本充分结合，劳动者对生产资料的直接占有成为现实，阶级差别和特权将走向消亡。不过也应当看到，土地国有化与土地公有是既密切联系又有区别的概念，不能将两者混为一谈。消灭土地私有即是走向土地公有的过程，而土地国有化目标的实现却是以生产力高度发达为前提的，不能脱离实际、盲目跨越。

列宁“土地国有化”思想集中体现在《社会民主党在 1905—1907 年俄国第一次革命中的土地纲领》著作中。“收回割地”是列宁早期解决土地问题的政治主张。1905 年，俄国革命的发展形势促使列宁深刻反思土地纲领“收回割地”的政治主张。1906 年 3 月，列宁在撰写的《修改工人政党的土地纲领》一文明确指出，农民是

① 马克思 . 1844 年经济学哲学手稿［M］. 北京：人民出版社，2000：46-47.

② 马克思，恩格斯 . 马克思恩格斯全集（第 18 卷）［M］. 北京：人民出版社，1980：67.

拥护“没收地主土地，并在一定政治条件下实行土地国有”① 的土地纲领。加上“一定政治条件”这个限定词又表明，列宁对“土地国有”仍然保持“谨慎”的态度，但土地纲领的阐释亦加深了他对俄国土地问题的理解和判断。然而，1906 年的斯德哥尔摩代表大会并没有采纳列宁关于土地国有化的主张。对此，列宁指出，“俄国革命只有作为农民土地革命才能获得胜利，而土地革命不实行土地国有化是不能全部完成其历史使命的”②。同时他认为，“土地国有化不仅是彻底消灭农业中的中世纪制度的唯一方式，而且是在资本主义制度下可能有的最好的土地制度。”③ 不难得知，列宁主张的“土地国有化”是有政治前提的，土地国有化要将政治革命进行到底，且有“一定的政治制度，没有这种制度，土地国有对无产阶级和农民可能是有害的”④，这些思想始终贯穿于列宁整个土地国有化理论中。

（二）土地革命时期根据地的“土地国有”实验

马克思主义经典作家“土地国有”思想被中国早期马克思主义者机械性地继承和接受，“中国共产党人最初只是全盘地接受马克思尤其是列宁的土地国有思想”⑤，在筹备建立中国共产党之际已经提出了将土地“收归社会共有，社会共用”⑥。“一大”党纲亦规定以“没收”方式将土地收归社会公有，但并没有就没收方式做出合理安排；“三大”“将生产资料归之于社会公有”明确为党的“最高目标”。根据中共中央文件精神，在一定区域内没收地主土地并进行国有试点。共产国际就“土地国有”的多次指示，加之革命形势助推，党内主张利用政权领导农民直接没收土地实现国有的呼声

---

① 列宁全集（第 12 卷）［M］. 北京：人民出版社，1987：222.
② 列宁全集（第 16 卷）［M］. 北京：人民出版社，1988：242.
③ 列宁全集（第 16 卷）［M］. 北京：人民出版社，1988：393.
④ 列宁全集（第 12 卷）［M］. 北京：人民出版社，1987：239.
⑤ 王志龙. 大革命前后中共“耕地农有”政策研究［J］. 中国经济史研究，2012（03）：48.
⑥ 中央档案馆. 中国共产党第一次代表大会档案资料［M］. 北京：人民出版社，1984：1-2.

高涨。1927 年 11 月，临时中央政治局扩大会议通过了《中国共产党土地问题党纲草案》，该草案明确规定："一切私有土地完全归组织成为苏维埃国家的劳动平民所共有""一切没收的土地之实际使用权归之于农民"[①]。也就是说，没收的私有土地归苏维埃国家所有，而农民所获得的是土地使用权。但是，从"土地国有"的实验效果来看，尚是不太理想：不仅地主阶层组织武装力量进行反抗，富农阶层抵制、反叛，而且贫雇农也没有积极响应。秋收起义的重要领导人夏明翰就丝毫不避讳地说，"这次我军所到之地农民并未起来，远不及北伐军到时农民的踊跃。"[②] 就当时中国农村社会的实际情况而言，真正没有土地的是少数，而没收一切土地归苏维埃所有，"触犯一切富农甚至中农和少块土地的贫农，使农村阶级阵线凌乱削弱了土地斗争的力量"，造成一切有地农民"以为土地革命的对象，不但是反对独占土地的地主阶级，还要反对他自己"[③]，乃至于对共产党领导的革命斗争产生怀疑。"土地国有"不理想的实验结果促进了党内的深刻反思。毛泽东在后来谈到《井冈山土地法》时，就直陈"没收一切土地、土地所有权属政府而不是属农民、禁止土地买卖"等几条"原则错误"[④]，正是这些"原则错误"导致中国共产党早期领导下的革命队伍成了贫农阶级的孤军。实验也表明，在"土地国有"的经济基础和政治前提尚不具备之前，解决农民的土地问题就是让农民成为土地的真正所有者，给予农民土地所有权，满足他们获得土地的强烈愿望。

（三）社会主义建设探索时期"土地国有"的再次尝试

1956 年底，"三大改造"的基本完成，使我国社会经济结构发

---

① 中国社会科学院经济研究所中国现代经济史组．第一、二次国内革命战争时期土地斗争史料选编［Z］．北京：人民出版社，1981：196-197.

② 中央档案馆、湖南省档案馆．湖南革命历史文件汇编（省委文件）［Z］．1983：162.

③ 中国社会科学院经济研究所中国现代经济史组．第一、二次国内革命战争时期土地斗争史料选编［Z］．北京：人民出版社，1981：272.

④ 毛泽东选集（第 1 卷）［M］．北京：人民出版社，1991：68-69.

生了根本变化，具社会主义性质的经济成分已占绝对优势，社会主义公有制已成为我国社会的经济基础；实现了新民主主义社会向社会主义社会的转变。以此为重要开端，我国迈上了建设社会主义的新征程。

1955 年 9 月，毛泽东在《中国农村的社会主义高潮》一文中表达了“小社束缚生产力发展，合并起来建大社”的观点。此后，有些地方开始了“小社并大社”的试点。1957 年 9 月，八届三中全会在反“冒进”的批评声中，揭开了农业“大跃进”的序幕；1958 年 8 月，《中共中央关于在农村建立人民公社问题的决议》的发布，标志着“人民公社化运动走向实践，开始了由集体所有制向全民所有制的过渡。”

《中共中央关于在农村建立人民公社问题的决议》指出：全民所有制不断发展增长，“代替集体所有制由集体所有制向全民所有制过渡，是一个过程。”[①] 会后，人民公社迅速开展起来，到 1958 底我国农村基本上实现人民公社化。

人民公社具有“一大二公”“政社合一”“多级管理”等特点。“大”强调公社规模，而“公”强调所有制形式，即要求农业社和社员的土地、牲畜等财产无代价地归公社所有。《嵖岈山卫星人民公社简章（草案）》就做出了“各个农业社合并为公社，根据共产主义大协作的精神，应将包括土地在内的一切公有财产交给公社”的规定。以嵖岈山卫星人民公社为榜样，各地生产资料逐步转归当地的人民公社集体所有。而这样旨在消灭生产资料的私有制残余，以便为过渡到全民所有制创造条件。然而事实证明，人民公社化运动推行“小社并大社，大社合成人民公社”的实践活动，是偏离了客观规律的，因而没有达到从根本上提高农业生产力的较好效果。所幸的是，以毛泽东为核心的中央领导集体也及时认识到了人民公

---

① 中共中央文献研究室编．建国以来重要文献选编（第 11 册）[M]．北京：中央文献出版社，1995：446-450.

社的实质和危害，并着手对人民公社进行了适度整顿，确立了“三级所有，生产队为基础”的农业发展目标，从而在一定程度上协调了“农地关系”，提高了农民生产积极性，推动了农业生产的缓慢发展。

人民公社化运动是社会主义社会“土地国化”的一次伟大尝试，经得起实践检验的部分无疑是毛泽东土地产权思想的丰富和发展，当然在取得正确理论的同时也付出了惨痛代价。而深究其因：一方面与我党对社会主义建设规律的认识和把握不够全面、不够充分密切相关，另一方面也与对马克思土地国有思想的片面认识和僵化理解有关。在复杂因素的作用下，党内外“急躁冒进、盲目过渡”的思想倾向占了上风，在忽视马克思主义经典作家预设的“土地国有化”经济基础和政治前提的情况下，做出了偏离我国实际的错误决策，以图将农村土地控制在国有的范围之内。这种不符合我国国情、超越历史发展阶段的土地公有化形式，对我国当时农村生产力发展造成了巨大的冲击和破坏，严重地影响到农村经济的可持续发展。

第二节　中国特色社会主义土地产权理论

依据马克思土地产权理论所述，土地产权权能既可以统一运行，亦可以分离运行。那么，土地产权权能究竟又是如何运行呢？一言以蔽之，是复杂因素综合推动的结果。社会主义制度确立以后，在生产力尚不发达的情况下，土地所有权和经营权分离运行，是提高农民生产积极性、推进农业生产力发展的大胆探索。实践不曾停止、创新永无止境。农民的创造力量是无穷的。1978 年 12 月，十一届三中全会的召开，解放思想、实事求是思想路线的重新确立，农业战线指导思想的拨乱反正，再次激起了农民的创新意识和首创精神。在马克思土地产权理论的指导下，以“包产到户、包干到户”先行试点，在“家庭承包、双层经营”的实践探索中取得了又一重大理论成果，即中国特色社会主义土地产权理论。中国特色社会主义土地产权理论作为一个科学理论体系，思想深邃、内容丰富。

一、家庭联产承包责任制理论

一旦现有的制度安排不能带来潜在利益，改变现有制度安排的欲望也就变得愈发强烈。“三级所有、队为基础”的土地制度安排始于20世纪50年代末，但是这项制度安排并没有给农民群众带来巨大利益。因此，当环境条件具备之时，广大农民也就有了制度变迁的心理冲动和现实需求。家庭联产承包责任制作为农民的发明创造，伴随着改革开放的浪潮孕育而生。

（一）家庭联产承包责任制酝酿发展的社会背景

“三级所有、队为基础”的制度安排弊端与缺陷是毋庸置疑的，浇灭了农民群众的干劲和热情；“一平二调”的平均分配方案窒息着农民群众的生产积极性；农业生产管理违背农民意愿的做法刺激着农民群众的不满心理。然而这一切，伴随着十一届三中全会的召开而化为历史尘埃。

1. 思想基础：“解放思想、实事求是”思想路线的重新确立

思想路线亦称认识路线，是党的实践活动的思想方法和思想原则，是制定政治路线、组织路线和各项方针政策的方法论基础，也是正确理解和执行党的路线方针、政策的保证。1945年，4—6月召开的中共“七大”确立了以实事求是为实质和核心的思想路线，并在革命和建设实践中得以贯彻执行。遗憾的是，1957年春夏，认识上却逐渐发生了偏离，乃至到“文化大革命”时期彻底否定了这一思想路线。没有正确的思想路线是不能前进的，潜藏着丧失社会

主义建设事业的巨大风险。就这一点，党内诸多同志还是有清醒认识的。“文化大革命”刚刚结束，邓小平就强调了恢复和发展思想路线的重要性。而就关于真理标准问题的大讨论，他说，“通过实践是检验真理唯一标准和‘两个凡是’的争论，已经比较明确地解决了我们的思想路线问题，重新恢复和发展了毛泽东同志倡导的实事求是、理论联系实际、一切从实际出发的思想路线。”[①] 在中共中央工作会议和闭幕会上，邓小平作了《解放思想，实事求是，团结一致向前看》的重要讲话，明确指出：解放思想是当前的一个重大政治问题。……只有思想解放了，我们才能正确地以马列主义、毛泽东思想为指导，解决过去遗留的问题，解决新出现的一系列问题”[②]。而这个重要讲话实际上成了十一届三中全会的主题报告。十一届三中全会重新确立了“解放思想、实事求是”的思想路线，是我党思想上的拨乱反正，使理论探索和实践创新成为可能。

2. 现实基础：经济建设逐步成为全党工作的重心

“以阶级斗争为纲”随着“文化大革命”结束和粉碎“四人帮”群众运动完成而趋于落幕。但是，笼罩在人们心头的乌云并未完全散去。“抓纲治国”政治纲领中所谓的“纲”仍然是“阶级斗争的纲”。显然，“抓纲治国”的政治纲领已经不适应国内外和平发展形势。为扭转这种政治局势，十一届三中全会做出了“及时地、果断地把全党工作的着重点和全国人民的注意力转移到社会主义现代化建设上来”的决定。

就整体尚未摆脱贫穷的中国而言，社会主义现代化建设首要的、最核心的就是要营造环境条件，搞好经济建设。就党的工作重心的转移，邓小平指出：“要搞四个现代化，把社会主义经济全面地转到大生产的技术基础上来”、“政治路线已经解决了，看一个经济部门的党委善不善于领导，领导得好不好，应该主要看这个经济

① 中共中央文献研究室．三中全会以来重要文献汇编［C］．北京：人民出版社，1982：245.

② 邓小平．邓小平文选（第2卷）［M］．北京：人民出版社，1994：141.

部门实行了先进的管理方法没有，技术革新进行得怎么样，劳动生产率提高了多少，利润增长了多少，劳动者的个人收入和集体福利增加了多少”，并指出：“这就是今后主要的政治。”① 党的工作重心转移到经济建设上来，提振了人民群众干事业的士气，“要把农业搞上去”的呼声也日渐高涨，这就为“双包”营造了相对宽松的社会氛围。

3. 实践基础：“分田单干、包产到户”的先期试验

农业合作化运动中，工作中的过激行为引起了农民不满，加之农业合作社集体经济的弊端，使“包干到户”具备了滋生的土壤。20世纪50年代中后期，为了充分发挥集体经营和家庭经营两个积极性，一些地方进行着土地所有权和经营权分离的尝试，土地所有权仍然归集体所有，而经营权允许适当下放；人民公社整顿之时，从调动农民生产积极性的角度着眼，全国各地建立了“四定一奖”“四包一奖”“定产到田，超产奖励”等多种形式的生产责任制；经济严重困难时期，“按劳动力分包耕地，按实产粮食记工分责任田”的联产到户责任制实行。土地所有权和经营权分离的实践探索，受制于特定环境和复杂因素的制约，尽管存续时间短暂也没有进行大范围推广，但是“分田单干、包产到户”试验的实践成效是有目共睹的，不仅受到农民的普遍欢迎，也在一定程度上受到中央高层领导的鼓励和支持。既然是有较好成效的先期试验，一旦农业战线指导思想拨乱反正，农民的物质利益、民主权利和创造精神得到重视和尊重，自然而然地会再次出现。

“文化大革命”结束后，中共中央在经验总结中对“包产到户”有了新的认识，政策禁令有所放宽。安徽、河南等省相继下发了落实中央农村经济政策的文件，又以安徽最具典型意义。安徽省《关于当前农村经济政策的几个问题的决定》（即“省委六条”）的贯

① 邓小平．邓小平文选（第2卷）［M］．北京：人民出版社，1994：141-151.

彻执行，揭开了安徽农村改革的序幕，预示着中国农村土地产权的改革的集结号即将吹奏响起。

（二）家庭联产承包责任制演进的历史轨迹

伴之改革开放推进，国家农村政策的逐渐放宽、农民生产经营自主权的松动，“分田单干、包产到组”在农村已是暗流涌动。家庭产量承包继而发展成地产经营承包，“土地集体所有、农户家庭经营”模式逐步推广，以土地承包经营为核心的家庭联产承包责任制逐步确立并得到迅速发展。

1. 先期试验、逐步推广阶段

1978年底，有关部门在起草《农村人民公社工作条例（试行草案)》时，就全国范围内搞“基本核算单位向大队过渡”作了多次强调，而一向受到追捧的“并大队”“穷过渡”等词却消失了。这种现象在十一届三中全会上引起了激烈争论，邓小平、陈云等中央领导同志对“基本核算单位向大队过渡”亦提出异议，表示了不赞成的明确态度。尽管十一届三中全会通过的《农村人民公社工作条例（试行草案)》中，“并大队”“穷过渡”仍存其间，但就适应的条件亦作了重申和强调。就国内当时的政治环境而言，对“并大队”“穷过渡”施行条件的限制无疑是一种进步，表明农村工作的指导思想已经有了重大突破。尽管思想上的禁锢尚未完全打破，但农民群众的创造热情却迸发出来了。农村广大地区掀起了“包产、包工到组”“双包到组”热潮，在这种情况下，产生了土地家庭联产承包的经营形式。1979年9月，通过的《中共中央关于加快农业发展的若干问题的决定》，“不要包产到户”而又允许在不影响社会主义性质的前提下进行“包产到户”的试点。应当看到，这个例外为农村生产经营预留了发展空间，是该决定的最大亮点。1980年9月颁布的中央75号文件，是中共中央明确表态支持“包产到户”的第一个文件，其中指出：偏远民族地区和贫穷落后“长期‘吃粮靠返销，生产靠贷款，生活靠救济’的生产队，群众对集体丧失信心，因而要求包产到户的，应当支持群众的要求，可以包产到户，也可以包干到户，并在一个较长的时间内保持稳定。”[①] 并针对中国农村各地区的发展实际，进一步指出“凡有利于鼓励生产者最大限度地关心集体生产，有利于增加生产，增加收入，增加商品的责任制形成，都是好的可行的，都应加以支持”[②]，这就为“包产到户”开了绿灯。政策宽松以后，“双包到户”受到了广大农民的普遍欢迎，1983 年底，实行“双包到户”的生产队已经占到全国生产队总量的 99.5%。“双包到户”在农村的全面铺开，标志着家庭联产承包责任制基本确立起来。

2. 适度调整、初步改革阶段

家庭联产承包经营责任制在保持土地所有权仍归集体的前提下，让农民获得了承包经营权，实现了土地所有权和经营权分离。但亦要看到，由于农民意愿多样，加之实践经验不足，出现了较多的问题。譬如土地经营权变动调整频繁，影响到投入增产和经济效益；土地经营规模碎片化，难于进行集约化作业；制度规范不健全不完善，制约着土地资源合理配置，等等。为了妥善解决这些问题，中共中央颁布并实施了一系列具体的土地政策举措。《关于1984 年农村工作的通知》明确指出：土地变动以“大稳定、小调整”为基本原则，土地承包期一般为 15 年，“四荒地”、山林等的承包期可以更长一些；在承包期内，无力耕种或转营他业的，承包土地既可以移交集体，也可以与他人协调转包；土地存在投资的，则应当给予合理补偿。长期稳定的承包经营期限，让农民安下心来从事农业生产，有助于提高劳动效率。1991 年 11 月，《中共中央关于进一步加强农业和农村工作的决定》在稳定家庭联产承包责任

① 中共中央文献研究室．三中全会以来重要文献汇编［C］．北京：人民出版社，1982：667－668.

② 中共中央文献研究室．三中全会以来重要文献汇编［C］．北京：人民出版社，1982：667－668.

制、统分结合的双层经营体制的同时，又就农村流通领域的改革作了规定，“允许粮食常年开放经营”，让农民获得更大的产品交易自主权，进一步促进了农业和农村经济的市场化。

3. 持续推进、深化改革阶段

受国际大气候和国内小气候的影响，20 世纪 80 年代末 90 年代初，我国改革走到了十字路口，处于徘徊当中。邓小平南方谈话发表了改革的第二次宣言书，再度掀起了改革浪潮，农村改革也迎来了新的迹象。在对待家庭联产承包责任制的态度上，邓小平说，“即使没有新的主意也可以，就是不要变，不要使人们感到政策变了”。[①] 如何将执行好的政策制度稳定下来，纳入法制轨道，使政策制度法律化是最有效的办法。1993 年 3 月，八届人大修订的《宪法》将“家庭承包经营”载入其中，并将其明确为我国基本经济制度的重要内容。1993 年 11 月，中共中央、国务院发布的《关于当前农业和农村经济发展的若干政策措施》指出：“在原定的耕地承包期到期之后，再延长 30 年不变”[②]，进一步稳定了土地承包关系、鼓励了农民增加投入、扩大生产的信心。在中共中央相关文件精神的正确指引和积极鼓励下，第二轮土地承包顺利地展开了。

（三）家庭联产承包责任制的合理内核和理论创新

家庭联产承包责任制的出现和迅猛发展绝非偶然现象，是农民群众迫切要求改革传统农业制度安排的强烈愿望的最集中反映。诚如 1983 年 1 号文件指出：“联产承包责任制采取了统一经营与分散经营相结合的原则。……符合我国实际，这是在党的领导下我国农民的伟大创造，是马克思主义农业合作化理论在我国实践中的新发展。”[③] 家庭联产承包责任制蕴藏的合理内核使其保有旺盛的生命力

① 邓小平．邓小平文选（第 3 卷）［M］．北京：人民出版社，1993：371.

② 中共中央、国务院发布关于当前农业和农村经济发展的若干政策措施［OB/EL］．http：//cpc. people. com. cn/GB/64162/64165/72301/72306/4981197. html

③ 中共中央文献研究室．三中全会以来重要文献汇编［C］．北京：人民出版社，1982：1064.

和广泛的适应力。同时，在实践的推进中，始终伴随着重大的理论创新。

1. 家庭联产承包责任制的合理内核

第一，选择的经营方式与农业自身特点相适应。农业经营以何种方式为宜？翻阅历史典籍而有所获矣！家庭作为社会生活的基本单位，是人类生活中最主要、最普遍的社会组织，在社会运行中充任着相当重要的角色。在农业生产经营活动中，同样如此。在两千余年的封建社会里，尽管土地所有权掌握在人数较少的统治阶级手中，但就土地经营而言，基本上以家庭为单位组织开展的。在20世纪50年代农业合作化期间，“土地集体所有、集中统一经营”也曾大规模推行，但是农民参与的总体意愿不高，就实践效果而论，也不太理想。中国农业发展的历史表明，农业家庭经营是对农民意愿的尊重，与小生产自然经济是相适应的。农业家庭经营方式具有较大的灵活性、包容性，并不排斥技术的重大改进和社会化大生产，能主动适应现代农业的发展要求。即便农业生产力相对发达的西方资本主义国家，大部分农业仍以家庭为单位组织生产、从事经营。譬如美国以家庭为单位从事经营管理的农场占农场总数的95%①。就当时中国农业具体情况而言，家庭联产承包经营方式与农业自身特点是相适应的，受到农民的普遍欢迎。

第二，在实践推进中重视农业市场主体的培育。在“三级所有、队为基础”的经营体制下，所有权与经营权趋于统一，并以生产大队、生产小队为基本核算单位，农产品产购销统的过多、管的过死，进入市场的渠道有限、空间狭小，农业市场主体乏力。家庭联产承包责任制的推行，家庭成了基本核算单位，农民积极性明显提高，粮油、棉麻等农产品产量迅速增长，推进了农产品购销体制的改革。从1985年中央1号文件的印发实施，粮油、棉麻等主要农

① 丁泽霁．国外农业经济［M］．北京：中国人民大学出版社，1987：152.

产品不再受原来经营分工的限制，实行多渠道直线流通，蔬菜、水果等农副产品的价格也逐步放开，实行市场调节，合同订购、市场收购逐渐取代了统购派购、统购统销，农民、农业和市场的关系日益变得密切起来。在农业“双轨制”运行模式下，农民在完成承包合同规定的生产任务以后，可以根据自己的意愿购买生产资料，发展个体副业和私营经济，独立进行商品生产活动，从相对单一的市场主体走向多样化。种种迹象表明，农民已非从事农业生产的单纯农民，而变成了农村活动经济中的基本单位和重要的市场主体。

第三，统分结合的双层经营体制符合我国农村实际。双层经营体制是指在我国广大农村实行联产承包制以后形成的家庭分散经营和集体统一经营相结合的经营形式。“分”的层次即以家庭为单位的分散经营层次，与农业生产力多层次性、总体水平低是相适应的，有助于克服管理过于集中、经营方式单一的弊端，但是，分散经营难以实现机械化、大规模作业，抗御风险的能力偏低。而“统”的层次即集体经营集体经营层次，具有的生产服务、组织协调和资产积累等功能，弥补家庭分散经营的某些缺陷，完成一家一户难以承担的生产活动。“统”和“分”是相辅相成的，是相互促进、共同发展的关系。离开了“统”功能的发挥，家庭承包就失去了主体，家庭经营也就变成了个体小农经济，偏离了农业的社会主义方向；离开了“分”的作用发挥，不尊重农民意愿，生产积极性遭到削弱，农业集体经济就失去了活力，集体经济也就不具有任何优势。而二者的结合，则可以彰显各自优势同时克服固有的缺陷，而这恰恰是推进农业发展所需要的。

2. 家庭联产承包责任制的理论创新

“集体所有、分户经营”是家庭联产承包责任制的显著特点，是土地所有权与经营权分离运行的重要体现。就其性质而言，家庭联产承包责任制不同于小农经济、农业个体经济，而是公有制经济；就其内容而言，核心是土地集体所有基础上的经营权的“包”，土地经营权承包、“包干到户”。家庭联产承包责任制既坚持了马克思土地产权理论，又在此基础上有重大创新。

第一，丰富了马克思土地所有权、使用权理论。1874 至 1875 年间，马克思曾明确提出：无产阶级通过斗争取得国家政权以后，不能急于实行公有制，而应当通过经济的道路引导农民实现土地的私有制逐步向集体所有制的过渡；不能简单地把土地分给农民进而巩固小块土地所有制；不能采取废除农民土地所有权或继承权等得罪农民的措施。[①] 这实际上指出了过渡的两条基本原则：小农所有制先向集体所有制过渡，等待时机成熟再推行土地国有化或生产社会化；对小农经济的改造必须尊重农民意愿，不能采取强迫的命令。令人遗憾的是，社会主义社会是否仍然存在集体所有制，集体所有制又如何推进，他们并没有给出答案。实行“集体所有、分散经营”的家庭联产承包责任制，既没有使土地集体所有制性质发生改变，又将使用权转给农民，化解了趋于尖锐的“农地矛盾”，调动了农民从事农业生产的积极性，让农民通过自身的劳动获得了更大的经济收益。这是对马克思主义农业合作化理论的突破和创新。正是基于此，中央 1983 年 1 号文件强调指出，家庭联产承包责任制是马克思主义合作化理论在改革开放实践中的创新发展，这一理论的逐步完善和发展，将使农业社会主义合作化的具体道路更加符合我国的实际。

第二，拓展了马克思土地经营权、收益权理论。马克思土地产权理论是以土地所有权为核心，包括土地处置权、使用权、经营权和收益权等多项衍生权能的科学理论体系。土地所有权与其他权能既可统一运行又可以分离开来独立运行，所有权与经营权分离运行，土地所有权人收益权的实现是围绕地租而展开的，而土地经营权人经济利益的实现就是获得了缴纳地租后的剩余部分。家庭联产

---

① 马克思，恩格斯．马克思恩格斯选集（第 2 卷）［M］．北京：人民出版社，1995：287.

承包责任制以承包形式，将土地、山林、荒地等基本生产资料的使用权，从集体所有权中分离出来，由农民支配和使用。这样做就将农民付出的劳动和经济收入直接挂钩，实现了权、责、利的有机结合，“交够国家的、留足集体的，剩余都是自己的”分配体制有效地解决了国家、集体和个人三者间的利益关系。在土地承包经营活动中，农民扮演着多重角色，既是生产经营主体和权益分配主体，还是监督管理主体。随着家庭联产承包责任制的不断完善，逐步形成了以按劳分配为主、多种分配方式并存的社会主义初级阶段的分配制度。

第三，实现了马克思土地经营管理方式的突破创新。马克思就资本主义社会土地经营管理有着较多论述，而就人类未来社会土地经营管理方面涉及偏少、论述简略。在生产力尚不发达的情况下，土地归集体所有，社会化经营，实践已经证明是不适宜的。在生产力较低的社会主义建设的初期，实行计划经济体制，土地归集体所有，农业生产执行国家指令性计划，农民作为承包经营主体并没有太大的自主权，整个农村经济发展较为迟缓，市场化程度明显偏低。推行家庭联产承包责任制以后，农民从旧式的农业经营管理体制中彻底解放出来，有了生产的热情和干劲，促进了农业生产和农村经济的快速发展。在完成国家、集体两级规定的承包任务后，留下的劳动产品越来越多。为了满足农民生产生活的多样化需求，剩余劳动产品需要进入流通领域参与市场交换，进而促进了农村市场的发展繁荣。市场在农业经济活动中的作用更加凸显，农民在农业经营管理中自觉不自觉地遵循着市场经济运行规律。适应这一发展形势，国家指令性计划逐步有序退出，释放了更大空间，促进了农村市场的活跃。由此可见，土地经营管理方式调整对于社会主义市场经济理论的形成，起到了导向性的作用。

二、稳定土地承包关系理论

家庭联产承包责任制实施推广以来，由于农地、农民增减变化时无定数，“土地承包关系稳定”与“土地承包关系变更”的矛盾冲突始终存在：一方面促进农业发展、繁荣农村经济，需要长远目标，加大资源投入力度，客观上需要土地承包关系稳定；另一方面集体新增成员享有“天赋资源权”和法定土地承包权，有获得生存发展的基本资源渴求和愿望，必然引起土地的频繁调整。解决“农地”这对突出矛盾，在加快推进工业化、促进剩余劳动力转移就业的同时，必须稳定土地承包关系，以实现农业可持续发展。

（一）稳定土地承包关系的价值和意义

“民以食为天、农以地为业”，土地是农民生存发展的基础资源。稳定土地承包关系，赋予农民长期而有保障的土地使用权、经营权，让农民真正地吃下“定心丸”，做到心中有底、投资有力，具有重要的理论价值和实践意义。

1. 稳定土地承包关系是社会主义初级阶段的题中之意

我国的基本国情是什么？现在处于并将长期处于社会主义初级阶段，这个阶段需要“我们几代人、十几代人，甚至几十代人坚持不懈地努力奋斗”①。为此，要始终保持冷静，绝不能头脑发热而误判形势。在这个初级阶段，农村生产力仍然比较落后，突出地表现为机械化程度低、借助自然的依赖程度高。稳定土地承包关系就是由这种生产力发展水平决定的。家庭承包经营与农村生产力发展水平是相适应的，也真实地反映了农民的意愿和心声。给农民以充分的土地经营自主权，能够将农民的生产积极性充分地调动起来，发挥其创造精神，推进农村生产力发展。农村改革的实践证明，以家庭为单位的土地承包经营不仅适应以简单手工劳动为主的传统农业，也能够适应采用现代科学技术和机械化生产为主的现代农业，具有广泛的适应性和旺盛的生命力。在这个初级阶段，农村人口

---

① 邓小平．邓小平文选（第3卷）［M］．北京：人民出版社，1993：379.

多、耕地少的现状没有根本改变。土地作为农业生产的基本要素，是农民的衣食保障、发展之源。稳定土地承包关系也就稳定了农业，这样就有助于农村剩余劳动力向二、三产业有序转移。试想，农民失去土地，为了生存必然无序地四处乱撞，国家就不能安定，不能安心搞建设。旧中国无地农民流离失所，殷鉴不远、值得深思。

2. 稳定土地承包关系是由农业发展规律和农业生产特点决定的

广义上说，农业包括“农、林、牧、副、渔”五个基本方面，是以有生命的动植物为劳动对象的特殊经济活动，且获得的农业产品是动植物本身。动植物作为生命体，生长需要具备一定的环境条件并有其发展规律，单次劳动的成果要到最终收获时才能体现出来，而这需要相对较长的时间周期。就种植业而言，提高农业生产力和单位面积的产量，要不断地改良土壤以保持土地肥力，兴修水利设施以增强抵御自然灾害和风险的能力，这就离不开农民大量的劳动和资金投入，而农业投资后的回报并不是立竿见影的，通常需要较长的生产周期才能收回成本、获得收益。土地承包关系的长期稳定，可以引导农民有效合理地利用土地资源，增加农业投入，加大土壤肥力培育力度，逐步提高土地的产出率以满足自身需要，供应社会需求。实行家庭承包分散经营，如果土地承包关系保持稳定，加之家庭成员利益的高度一致性，可以避免集体组织生产劳动和管理监督的巨大成本。不仅如此，农民可以根据气候环境变化、农作物生产情况和农产品市场行情的判断，及时做出决策，在推进农业生产中增加经济收入。

3. 稳定土地承包关系有助于农村改革乃至整个改革的持续深入推进

生产力与生产关系的矛盾是社会的基本矛盾，这对矛盾存在于一切社会形态当中。而当生产关系总体上适应生产力性质和发展状况时，就有促进生产力的发展；反之，则会起到阻碍甚至破坏作用。实践反复证明，就我国特定的国情而言，家庭联产承包经营责任制是适应我国农村特点的，是农业发展的根本出路，具有强大的生命力。而这项制度是以土地承包关系为核心的。以“大包干”先行试点、以家庭联产承包经营为核心的农村改革，既深刻地改变了农村贫穷落后的整体面貌，而且在物质、精神两个方面又为“改革、发展、稳定”的大局做出了巨大贡献。农村改革以土地所有权集体所有为基础，着眼于土地使用权、经营权的变化调整，并以土地承包关系为重要抓手，正是农村生产力发展状况决定的。稳定了土地承包关系也就稳定了农村改革的基础，就等于固住了整个改革的根基。反之，动摇了土地承包关系这个基础，农民心中没有底就会烦躁不安，农村改革乃至整个改革也就失去了厚实的根基。

（二）稳定土地承包关系的实践推进

推进家庭联产承包责任制的基础是稳定土地承包关系。立足于稳定土地承包关系的目标任务，着重从农村土地承包期延长、土地承包关系入法和“增人不增地、减人不减地”实践等三个方面来开展。

1. 政策上延长农村土地承包期

中共中央从表态支持“包产到户”继而允许家庭联产承包责任制局部试行之时，就明确提出“两个长期不变”（即“土地公有制长期不变、生产责任制长期不变”）。1983 年底，中央召开全国农村工作会议，围绕土地承包期问题展开了激烈讨论，继而 1984 年中央 1 号文件做出了“土地承包期一般应在 15 年”的规定。土地承包期首先载入中央文件中。但是，在实践推进中仍存在杂音，这种杂音随着农业生产发展势头减缓而趋于强烈，乃至于 20 世纪 80 年代末引起了农民的恐慌。为澄清迷雾、消除恐慌，1989 年 12 月，江泽民在全国农业综合开发经验交流会议上指出：“农村承包制政策不能变。我们各级党政领导和部门，要明确地宣传稳定政策，宣传联产承包制政策不能变。给农民吃定心丸，让农民一百二十个放心。”① 1992年2月，邓小平南方谈话时再次强调指出：“城乡改革的基本政策，一定要长期保持稳定”②。1993年，鉴于土地承包期即将到期和土地频繁调整的弊端，中发［1993］11号文件做出了“耕地承包期到期之再延长30年不变”③ 的决定，这犹如给农民一颗长效定心丸。1995年3月，《国务院批转农业部〈关于稳定和完善土地承包关系意见〉的通知》又进一步强化了“土地承包再延长30年”的承包经营政策。在落实延长土地承包政策的实践中，承包合同和土地经营证书全面颁发到农民手中，“手中有本”的举措使农民彻底地定下心来。

2. 法律上保护土地承包关系

与政策相比，法律是国家意志的体现，更具权威性、约束力和更大稳定性。站在这个角度来说，稳定土地承包关系，保障农民长期的土地使用权，能否将其纳入法制轨道才具有指标性意义。（1）立法保护土地承包关系。1993年3月，全国人大八届二次会议关于修改宪法的决议将“农村集体经济组织实行家庭承包经营为基础、统分结合的双层经营体制”以基本经济制度的形式正式载入宪法当中，从而使这项制度有了根本的法律依据。以宪法精神为指导，《中华人民共和国土地管理法》《中华人民共和国农业法》等相关法律亦明确做出“保障农村土地承包关系长期稳定，保护农民对承包土地的使用权”的规定。不仅如此，九届全国人大常务委员会第二十九次会议还讨论通过了《中华人民共和国农村土地承包法》，这是关于土地承包的专门性法律，在我国历史上尚无先例。这些法律条文就稳定土地承包关系起到了积极作用。（2）确认土地承包经营

① 杜润生．中国农村改革决策纪事［M］．北京：中央文献出版社，1999：193-194.

② 邓小平．邓小平文选（第3卷）［M］．北京：人民出版社，1993：371.

③ 土地承包期到期之后，再延长30年不变［EB/OL］．http：//www.chinalawedu.com/falvfagui/fg22016/12025.shtml.

权可依法继承。家庭联产承包让农民获得了土地使用权、经营权，在土地承包经营权人死亡，土地承包权收归集体还是继承，一直以来是颇具争议的问题。为了稳定土了承包关系，减少土地调整变动的频次，避免土地过度碎片化，《中华人民共和国农业法》作了“承包人在承包期内死亡的，该承包人的继承人可以继续承包”的规定。1993 年 11 月，十四届三中全会通过的《中共中央关于建立社会主义市场经济体制若干问题的决定》也指出：在坚持土地集体所有的前提下，“允许继承开发性生产项目的承包经营权”[①]。作为土地承包的专门性法律《中华人民共和国农村土地承包法》亦有“依据继承法，土地承包经营权可由继承人等继续承包”等相似的规定。（3）依法强化农村土地承包合同管理。为了保证稳定土地承包关系的法律法规落到实处，有关方面还制定了指导性的实施意见和具体措施，以加强对土地承包工作的指导、管理。一方面积极落实主体责任，明确要求土地所有权的集体经济组织与农民签订承包合同并颁发土地经营证书；另一方面根据中共中央、国务院等文件精神，省（区、市）地方政府结合当地实际，制定了农业（村）承包合同管理条例或办法，逐步将农业承包合同管理纳入科学化、法制化管理的轨道。

3. 实行“增人不增地、减人不减地”

在土地承包经营活动中，人员自然增减或迁移变动是不可避免的，也是造成土地调整变动的最直接因素。客观地说，在一定周期内，要求土地调整变动的是少数人，但是土地的调整变动却具有“小调整、大牵动”之效果，势必影响到大多数人，增加田边土坎，使土地更加细碎，有效使用面积减少，同时也会造成土地承包关系的不稳定，乃至影响到农民对土地的持续投入。针对此现象，1994 年 12 月，农业部印发的《关于稳定和完善土地承包关系的意见》

① 中央档案馆．中共中央文件选编［M］．北京：中共中央党校出版社，1994：659.

提出了“增人不增地、减人不减地”的实施方案，认为这样做可以减少土地调整变动，稳定农村土地承包关系，巩固家庭联产承包责任制。而作为缓解新增人口无地矛盾的一种补充，又试行着“调粮不动地、供粮不包田”的办法，但是由于“人七劳三”的粮食分配方案有较大的不合理性，执行起来难免有些不尽人意。

（三）稳定土地承包关系的运行绩效

第一，稳定土地承包关系提高了土地资源利用效率。土地作为一种不可再生资源，正常情况下只有减量没有增量。以牺牲土地资源为代价求得一时经济发展，对土地的不合理利用都会导致土地利用面积的逐渐递减。而随着家庭人口数量的增加，人多了也就需要更多的生存发展资源，都有尽快获得土地承包权的良好愿望。因此，按“人口均地”原则，不可避免地会出现土地的调整变动相对频繁。土地的调整变动自然就会增加田埂地沟，原来大块的土地也就越来越碎片化，增加了精耕细作的难度。稳定土地承包关系可以有效地避免土地的频繁调整，使土地承包权人能够安心耕作、勤于管理，而且还可以根据土质土壤状况和农产品市场行情变化，合理、有序地安排生产，实现从传统作业向现代作业方式的转变。如选择有较大发展前景、回报率相对高的种养模式经营管理土地，土地资源使用效率也就极大地提高了。

第二，稳定土地承包关系保持了土地适度规模经营。实践经验表明，土地分割零碎杂乱、生产规模明显偏小，对土地的经营管理就很难获得社会平均利润率，甚至经营管理消耗的成本高于市场运行价格的结果。“土地集体所有、集中统一经营”虽然也保持着土地经营的较大规模，但是，推行集中管理、共同劳动、平均分配的经营管理模式却使“劳动光荣”蒙上阴影，在助长一些人懒惰心理的同时抑制了大部分人的生产积极性，乃至农业生产效率难于提高，农业发展徘徊不前。推行家庭联产承包责任制就是将集有所有的土地、山林等生产资料以承包的方式让农民自主经营。责任明确、利益直接的经营管理方式刺激了农民的生产热情，促进了农业的快速发展。当然，也要看到，家庭联产承包责任制采用过于频繁的“均田”式土地调整，就有可能导致土地零乱、经营分散，耕作管理成本亦会大量增加。遵循农业生产的规律和特点，规定较长的土地承包期，稳定土地承包关系则可以避免过于频繁地调整土地，使土地经营权分散于农民手中而又保持着适度的规模经营。当生产力发展到较高程度时，适度的规模经营通过土地流转就可以直接向种植大户、家庭农场等更大规模的经营方式过渡。

第三，稳定土地承包关系推动了农业发展方式转变。人多地少是我国的基本国情，通过“包产到户”“租赁承包”等有效方式，农民取得了土地经营权。实际发展中，适度的小规模分散经营一直是我国农业经营的最主要方式。这种农业经营方式在发展的初期阶段即生产力不发达、社会化程度较低的情况下，有助于资源有效配置并调动劳动者的生产积极性，推动着农业逐步向前发展。但是，随着现代农业科学技术的广泛应用，农业生产力有了巨大进步，特别是伴之工业化、城镇化和信息化的快速推进，大量的农村剩余劳动力向非农行业转移，原来的农业生产经营方式已经与之不相适应。在这种情况下，全国各地富有创造精神的农民在土地承包关系稳定的基础上，围绕发展农业适度规模经营进行了多种形式的有益探索，在集约化、专业化、组织化和社会化相结合的农业新型经营方面取得了较多经验，从而为农业发展方式的转变创造了条件。

三、土地承包经营权流转理论

随着社会主义计划经济体制向市场经济体制的逐步转型，市场在资源配置中的基础性作用得到了充分的发挥。在市场经济的推进中，农村土地的社会保障功能渐趋势微，土地作为基本的生产要素进入市场领域，由市场来进行资源配置。顺应农业发展形势和农村改革的需要，党在农业问题上的指导思想逐渐发生了变化。1995 年

3 月，国发［1995］7 号《国务院批转农业部〈关于稳定和完善土地承包关系的意见〉的通知》中明确提出了“建立土地承包经营权流转机制”的目标任务。

（一）土地承包经营权流转的深刻动因

家庭联产承包责任制是“土地集体所有、家庭分散经营”模式的最重要体现。它的普遍推行，一方面调动了农民的生产积极性，提高了农业劳动生产率，刺激着农村经济的稳步快速发展，另一方面家庭分散的相对较小规模经营又是农业机械化、现代化的最大“拦路虎”，影响农业生产的规模化经营。破解农业发展的瓶颈，推动农村经济再上新台阶，土地承包经营权流转是顺应发展趋势、满足社会需要的必然选择。

1. 土地承包经营权流转是农业经济发展的客观需要

家庭分散经营的农业生产模式具有较为浓厚的小农经济色彩，表现为封闭或半封闭，视阈范围偏窄，重视眼前利益、缺乏长远眼光，无法实现农业生产的社会化和农业发展的产业化。而推动土地承包经营权流转，可以促进土地等农业生产要素的优化配置，相对分散的土地就可以向农业生产需要量大、经济实力雄厚的种养大户、合作社组织和农业企业集中，以发挥资源集聚效应，实现规模经济效益。这样不仅可以使农业经济的规模逐步扩大，而且有助于农村劳动力的有效合理利用和农业机械化的推广应用，使简单的农业生产变成专业化、社会化的农业生产。在这种情况下，农民进行农业生产的目的不再是单纯地满足自身生存发展的基本需求，而是为整个社会发展提供所需要的粮油、棉麻、蔬菜、水果等各种农产品。不仅如此，推动土地承包经营权流转，通过市场配置资源，一方面可以使土地利用潜力得到进一步释放，另一方面充分发挥市场配置资源的决定性作用，可以让农村资金、人才和技术等资源紧缺的现状有所缓解，从而推动农村经济的快速稳步发展。

2. 土地承包经营权流转是土地承包经营权物权化的必然要求

土地承包经营权是农民通过承包的方式从集体经济组织手中取

得的重要土地产权，是农民享有的支配使用权利。这项权利是一项“法定承包权”，是党和国家赋予农民生存发展的基本权利，是社会主义优越性的重要体现。从物权法的角度言，土地承包经营权是一项具有时间限制的财产权，在承包合同有效期内，农民可以自由处置。但是，受制于复杂因素的影响和制约，农民享有这项权利是有差异的，如有的可以在充分利用土地中享有这项权利，而对于无劳动能力者依靠自己是无法利用土地的，不允许土地承包经营权流转就不能享有这项权利。推进土地承包经营权物权化是农民“法定承包权”的续展和延伸，是实现承包经营权的有效形式。土地承包经营权物权化也就是土地承包权的法定化、长期化、稳固化和资本化。允许土地承包经营权流转实际上为土地承包经营权人创设了实现这项权利的更大空间，土地承包经营权人和受让人通过平等自愿、民主协调的方式进行土地承包经营权的转包、出租、转让，既节省了交易时间、降低了交易成本，又将土地资源转给了实际上的土地使用人，从而使土地资源得到了高效配置和合理利用，实现了资源使用效益的最大化。

3. 土地承包经营权流转是农业产业结构调整、实现规模经营的需要

随着农业生产力的进一步发展，“土地集体所有、家庭分散经营”的弊端不断凸显。就农业发展方式而言，家庭联产承包责任制是简单粗放式的农业经营方式，劳动力成本投入相对较高，农业科技方面投入明显不足；就经营规模而言，家庭分散经营与家庭的劳动力状况基本相适应，精耕细作、规模较小。由于封闭思想、“小农意识”等守旧观念的影响，先进的农业生产技术、雄厚的农业资金和企业化的管理理念难以进入农业生产领域，导致农业发展不能反映时代发展的需求。而通过土地承包经营权流转，将零散的土地集中起来并逐步转到种植大户、农业能手或合作社组织手中，就可以改变土地零碎散乱的状态，克服家庭分散经营的种种弊端，有效

地扩大土地经营规模。同时，依据市场的需求变化，适度地调整农业产业结构、优化农业产业布局，并运用现代农业管理手段进行经营管理，在实现传统农业向现代农业过渡的过程中彰显农业经营的规模效益。

（二）土地承包经营权流转形成发展的逻辑理路

随着家庭联产承包责任制的普遍推行，农村高度统一的土地产权权能结合运行结构转变为“集体所有、家庭经营”的“所有权、经营权分离”运行结构，这为土地承包经营权流转的演进发展提供了前提和基础。

1. 土地承包经营权流转的逐步酝酿

事实上，家庭承包责任制的试行和逐步推广的过程即是农村土地承包经营权流转的酝酿演变过程。在这一过程中，农民通过家庭承包的方式从集体经济组织中取得了土地经营使用权，使土地经营使用权从集体土地的产权权能中分离出来，成了独立运行的土地权能。

“包产到户”“包干到户”突破了土地产权权能禁区而获得中共中央明确肯定，家庭联产承包责任制渐进而逐步推行。家庭联产承包责任制是土地所有权和土地经营权分离运行的根本转变，一方面使人民公社组织失去了存在的基础，另一方面使土地产权权能结构发生了深刻变化。从土地所有制关系来看，土地仍归集体所有，是社会主义性质的；从经营方式来看，实行家庭分散经营，农民变成了生产经营的主体，掌握了自主权；从分配方式来看，以按劳分配为主要分配方式，调动了农民农业生产积极性。到 20 世纪 80 年代初，全国绝大多数地区的农民已经通过承包的方式取得了土地经营权。取得土地承包经营权以后，有的农民根据家庭经营状况积极大胆探索，冲破了被视为禁区的“土地不准转让”的政策限制，土地委托经营开始在家庭之间实行。1984 年中央 1 号文件虽然做出了“承包地均不准买卖，不准出租”的禁止性规定，但也预留了“经济集体经济组织同意，由社员自找对象协商转包，鼓励土地逐步向种田能手集中”① 这扇窗户。这尽管仅是政策上的细微调整，但却发出了农村土地承包经营权流转的明确信号。

2. 土地承包经营权流转的先行试验

“所有权、经营权分离”的运行结构有受到禁锢农民普遍欢迎的优势，然而固有的缺陷也是不容回避的，特别是随着农村改革不断深入和农村经济发展，农民思想逐步解放，大量剩余劳动力流向城市，其缺陷和弊端则更为明显矣！其中，土地资源的优化配置问题是最突出的方面。为了突破“所有权、经营权分离运行”的某些缺陷，1986 年中央 1 号文件取消了承包土地不准买卖、不准出租的条款，明确提出：“随着农民向非农产业转移，鼓励耕地向种田能手集中，发展适度规模的种植专业户”②。尽管文件还没明确提出“土地流转”的概念，但鼓励性的措施对推动土地流转显然是有积极意义的。根据中央文件精神，全国各地尤其是东南沿海省区开始了农村土地规模经营的实验，也取取得了较好效益。1988 年 3 月，“土地的使用权可以依照法律的规定转让”③ 的条款正式载入《中华人民共和国宪法》（修正案）当中。以“土地使用权转让”入宪为重要标志，土地承包经营权流转进入了先行试验阶段。

3. 土地承包经营权流转的全面推行

1993 年 11 月，《中共中央关于建立社会主义市场经济体制若干问题的决定》指出：在坚持劳动群众集体所有制的前提下，延长耕地承包期，允许转让开发性生产项目的承包经营权。允许土地使用权依法有偿转让，少数经济比较发达的地方，本着群众自愿的原

---

① 中共中央国务院关于“三农”工作的十个一号文件［C］. 北京：人民出版社，2008：41.

② 中共中央国务院关于“三农”工作的十个一号文件［C］. 北京：人民出版社，2008：68.

③ 中共中央文献研究室. 十三大以来重要文献选编（上）［C］. 北京：中央文献出版社，2011：183.

则，可以采取转包、入股等多种形式发展适度的规模经营。[①] 紧接着，不论中共中央印发的相关文件，还是农业部出台的关于土地承包经营方面的政策措施、通知意见等，对“土地使用权有偿转让”基本上也是鼓励的态度。国务院在转发《农业部关于稳定和完善土地承包关系的意见》（国发［1995］7号）的通知中明确地界定了土地承包权、经营权的内涵，土地承包经营是指“在坚持劳动群众集体所有和不改变土地农业用途的前提下，经发包方同意，允许承包方在承包期内，对承包土地依法转包、转让、互换、入股”[②]。1997年中央农村工作会议要求，土地承包经营权流转由农民自愿进行，鼓励适度规模经营。1998年10月，十五届三中全会提出了土地承包经营权流转的原则，即坚持自主、有偿和依法的原则。2005年，农业部印发了《农村土地承包经营权流转管理办法》，对土地承包经营权流转基本问题有明确的规定。上述法律规定和政策制度为土地承包经营权流转提供了重要依据和制度保证，这对土地承包经营权流转既是一种引导、规范，更是一种鼓励和支持。

（三）土地承包经营权流转的基本原则

土地承包经营权流转具有十分重要的意义，既关系到“三农”问题解决的效度，又关系到农村经济社会发展和农民持续增收、小康致富的问题。推进土地承包经营权合理有序流转，必须遵循农业发展的规律和特点，坚持基本原则。

1. 集体所有、性质不变原则

经过新民主主义社会的过渡，“三大改造”的完成，标志着社会主义制度在我国确立起来，我们必须坚持而不能离开社会主义。如果改革偏离了社会主义而走上邪路，那么改革就失败了。判断的

---

① 中共中央文献研究室．十三大以来重要文献选编（上）［C］．北京：中央文献出版社，2011：231.

② 中共中央文献研究室．十三大以来重要文献选编（上）［C］．北京：中央文献出版社，2011：296.

根本标准是什么？一是公有制，二是共同富裕。土地劳动群众集体所有是农村土地公有性质的最重要体现，在这方面，法律规章和政策制度有明确规定，这是不能突破的根本原则。《中华人民共和国宪法》规定：农村和城市郊区的土地，除有法律规定属于国家所有外，均属于劳动群众集体所有；宅基地和自留地、自留山，也属于劳动群众集体所有。此外，《中华人民共和国农业法》《中华人民共和国土地管理法》《中华人民共和国土地承包法》等基本法或者专门法，都有农村土地集体所有的明确规定。

土地所有权作为土地产权的核心权能，是土地使用权、处置权、承包权和收益权等衍生权能的前提和基础。从法律的角度看，劳动群众集体所有强调的是所有权，而承包权、经营权等强调的是用益物权，彼此权属是完全不同的，不能混同。也就是说，推动土地承包权、经营权流转并不会侵犯到集体的权益，更不会导致所有权性质的改变。相反，土地承包经营权流转还有助于资源优化配置和规模经营，提高农业经营效益，使农村土地集体所有的权属性质更加巩固。因此，土地承包经营权流转是部分土地产权权能即承包权、经营权的流转，以维护农村土地集体所有或国有是基本前提，不是土地所有权这项核心权能的流转。

2. 平等自愿、依法有偿原则

土地承包经营权是“法定承包权”，任何组织和个人不得随意侵犯。在农村土地承包经营权流转中，一些集体经济组织或其他基层组织以维护土地集体所有的名义，不尊重农民意愿、不倾听农民呼声，频繁调整、规划侵占农民依法取得的承包地，给农民的生产经营活动造成很大困扰。在土地承包经营权流转中，坚持平等自愿、依法有偿原则，就是为更好地体现农民的主体地位，维护农民的合法权利和切身利益。

依据《中华人民共和国土地承包法》等法律规定，农民与集体经济组织签订承包合同以后，依法取得了土地的承包经营权，就对土地享有经营自主权、使用收益权和范围内的处置权等法定权利。当然，这些权利以何种方式实现，农民可以自主决定而不受他人干涉。而流转土地承包经营权就是农民通过转包、转让、出租、入股等形式实现土地承包经营权流转，实现收益权的一种方式。平等原则是就流转双方地位而言的，彼此没有高低强弱之分、贫富贵贱之别，不得以权压人、以势欺人，而应当在地位平等基础上进行充分协调，达成土地流转的意愿后再签订流转合同。自愿原则是保证流转双方意愿真实表达的基础，土地承包权人自己行使土地承包经营权，任何组织和个人不得强迫要求其放弃这项权利；同样，土地承包权人表达了土地承包经营权流转的意愿，任何组织和个人也不得干涉。坚持土地承包经营权流转的平等自愿原则，就是防止土地承包经营权强迫交易、违背承包经营权人的真实意愿，保护其合法权利和正当利益。

农民对承包的土地依法享有收益权，而自主经营以从土地上获得直接收益和在流转中获取收益是两种基本的方式。通过土地承包经营权流转而实现收益的，流转必须有明确的法律依据，并在法律准允的范围内进行，这样才能使流转有序、有规范。法律禁止流转的土地，承包经营权人只能自主经营、不得以任何形式实现土地流转；而法律规定有前提条件的，应当在设定的条件范围入进行土地流转。土地是可以利用的自然资源，具有潜在使用价值。因此，土地承包经营权流转是有偿的，具体流转方式和流转价格经双方共同商定。而流转中的收益归土地承包经营权人所有，任何组织和个人不得从中牟利。

3. 保护耕地、合理利用原则

我国地域面积辽阔、自然资源丰富，素来享有“地大物博”之美誉。但是，土地是不可再生资源，资源保护意识淡漠、不合理利用就会导致土地资源的流失和破坏，总量相对较小的耕地更是如此。耕地资源是人类生存发展的重要基础，也是国家粮食安全的可靠保证，必须守住十八亿亩的耕地红线。十七届三中全会明确提出："土地承包经营权流转，不得改变土地集体所有性质，不得改变土地用途"。[①] 土地中的耕地流转是在所有权集体性质不变的前提下，变更耕地的使用经营权的主体；耕地流转不得改变其使用性质，商业用地、教育用地等都需要进行科学规划，农村土地除农用外不得变相挪作他用。我国是拥有13亿人口的大国，满足人民群众衣食住行需要是最基本的问题，也是人民群众最关心、最直接的利益问题。常言道，"有粮不慌、无粮不稳"。而贯彻党和国家提出的实现粮食基本自给的战略方针，农业用地就必须做到有组织、有规划，切实保护好基本农田。《中华人民共和国土地管理法》规定："严格限制农用地转为建设用地，控制建设用地总量，对耕地实行特殊保护"[②] 制度，使土地使用不得超出农业范围有了明确的法律依据。同时，在推进土地承包经营权流转的实践中，要把好"不得改变土地用途"这道关，严格监管农村土地的使用，不得擅自将农业用地变更为建设用地，也不得以发展"牧、林、渔"等农业相关产业为幌子，有意占用基本农田或进行"圈地运动"，导致基本农田的大量流失。作为土地承包经营权流转的双方，都有义务在法律许可的范围内开发利用土地，作为受让方应当按照原有土地的属性和类型进行项目的开发经营活动，坚持土地利用的有效性、可持续性，而土地出让方也应当对受让方利用土地的情况进行日常监督，对改变土地属性和类型的，既可以收回承包经营权，也可以向有关部门反映，由有关部门责令受让方限期整改或采取强制措施。为此，十八届三中全会再次强调："在坚持和完善最严格的耕地保护制度前提下，赋予农民对承包地占有、使用、收益、流转及承包经

① 本书编写组．推进农村改革发展若干重大问题学习问答［M］．北京：新华出版社，2008：20.

② 国务院法制办公室．新编中华人民共和国常用法律法规全书［C］．北京：中国法制出版社，2010：4-244.

营权抵押、担保权能，允许农民以承包经营权入股发展农业产业化经营”。[①] 而这种赋权是以农民不改变土地用途为前提的。

（四）土地承包经营权流转的方式和程序

农业部《关于稳定和完善土地承包关系的意见》明确地指出了土地承包经营权流转的方式，即在土地承包期内，承包经营权人依法对土地享有“转包、转让、互换、入股”等权利。领会党中央和国家部委等文件精神，全国各地在坚持“土地集体所有、家庭分散经营”这一农村基本经营制度基础上，在实践中探索出多种形式的土地承包经营权流转方式。

1. 土地承包经营权流转的方式

《中共中央关于推进农村改革发展若干重大问题的决定》指出：允许农民以多种方式流转土地承包经营权。其中，主要的流转方式有：第一，土地转包。所谓转包即“土地承包方将部分或全部土地承包经营权以一定期限转给同一集体经济组织的其他农户从事农业生产经营。”[②] 缺乏劳动力或非农业为主的家庭一般选择这种方式。这些家庭暂时无暇顾及农业生产、从事农业经营，但没有充分就业，也无稳定的收入来源，因而不愿意完全放弃承包的土地，采用转包方式，一方面可以避免土地资源闲置，另一方面也为后续发展和将来规划预留后路，带有明显的不彻底性。第二，土地转让。转让即“承包方将自己所承包的土地部分或全部转让给第三方经营，承包人与集体的承包关系终止或者部分终止，由受让方或受让方和转让方向集体履行承包合同的行为”。[③] 土地承包经营权流转以后，原承包方与发包方的土地承包经营关系终止，土地剩余承包期的承包经营权转归新的承包方。第三，土地互换。土地互换即“在同一集体经济组织内部，土地承包经营权人之间为便于耕作或者基于发

① 中共中央关于全面深化改革若干重大问题的决定［R］．北京：人民出版社，2013：22.
② 法律法规司法解释公报案例精编——土地承包［C］．北京：中国法制出版社，2009：268.
③ 宋从越．农村土地承包经营权物权性流转［J］．阴山学刊，2006（02）：89.

展需要，对彼此间承包的地块和土地承包经营权进行交换的一种流转形式。”① 由于集体经济组织在土地发包时坚持“公平优先”原则，不同质量的土地按人口数量进行均分，就会导致承包土地相对分散和经营管理的不便。承包方在取得承包经营权以后，基于承包经营权人的意愿，在平等协调基础上互换，有助于提高土地的使用效率，促进生产发展。第四，土地出租。土地出租是指“承包方在土地承包期限内，将部分或全部土地的承包经营权租赁给他人从事农业生产经营，自己获得租金的一种流转方式”。这是一种土地承包经营关系未发生变化的流转方式。与转包不同的是，土地出租对承租方的限制相对宽松，既可以源自集体经济组织内部，也可以产生于集体经济组织以外。第五，土地入股。土地入股即承包经营权人将自己取得的土地承包经营权作为股权，彼此之间自愿联合经营，或将土地承包经营权量化为股权，加入农业股份公司或农业合作社，根据股权多少进行中经济收益分配的一种流转形式。此外，土地承包经营权流转还有反租倒包、委托代耕、土地信托、土地继承等几种常见形式。

2. 土地承包经营权流转的程序

在推进土地承包经营权流转进程中，擅自流转农村土地承包经营权的现象依然大量存在，由此积聚了不少的矛盾和问题，不仅损害到农民的合法权益，而且对农村经济发展和社会稳定造成较大的消极影响。因此，实践推进中尚需规范流转行为、严格流转程序，以保证土地承包经营权流转有序、规范运行。

第一，平等自愿、共同协商基础上签订土地承包经营权流转合同。推进实践中，土地承包经营权流转不规范主要表现在：双方法律意识淡薄或基于熟人社会的信任，仅达成口头协定而没有书面流转合同；或虽然有书面流转合同，但双方的权利、义务不明确，权、责、利关系较为混乱。由此可见，签订土地承包经营权流转合

① 法律法规司法解释公报案例精编——土地承包［C］. 北京：中国法制出版社，2009：268.

同，既是维护双方合法权益的客观需要，也是土地承包经营权有效流转，促进农村经济发展的重要保证。就土地承包经营权流转合同的内容，《农村土地承包经营权流转管理办法》第二十三条有明确规定。当然，流转合同的具体内容在不违背法律规定的情况下，承包方与受让方可以进一步协商。就土地承包经营权流转合同的类型，依据不同的标准而有不同类型。由于土地承包经营权的流转方式多样，流转合同也相应有多种类型。就签订土地承包经营权流转合同的方式，土地承包经营权人既可以自己签订流转合同，亦可委托集体经济组织或全权委托中介组织代其签订，但前提是办理委托公证或签订委托协议书。《中华人民共和国农村土地承包经营权流转管理办法》第八条规定："承包方自愿委托发包方或中介组织流转其承包土地的，应当由承包方出具土地流转委托书"①。

第二，土地承包经营权流转实行备案登记制度。承包方与受让方签订土地承包经营权流转合同并不表示程序已经完成。从保障双方合法权益、维护土地交易安全的角度而言，还须经发包方同意或向发包方报备登记。《中华人民共和国农村土地承包法》规定："土地承包经营权采取转包、出租、互换、转让或者其他方式流转，当事人双方应当签订书面合同。采取转让方式流转的，应当经发包方同意；采取转包、出租、互换或者其他方式流转的，应当报发包方备案。"② 实行报备登记，既是保护双方权益的需要，也是保护善意第三人的制度安排。

（五）土地承包经营权流转的实践绩效

土地承包经营权流转的实践推进一方面实现了土地资源的有效整合和优化配置，促进了农村经济的快速增长，另一方面使农村中大量的剩余劳动力从经营土地的事务中解放出来，促进了劳动力转

---

① 法律法规司法解释公报案例精编——土地承包［C］．北京：中国法制出版社，2009：265.

② 国务院法制办公室．新编中华人民共和国常用法律法规全书［C］．北京：中国法制出版社，2010：261.

移和就业。

第一，土地承包经营权流转稳定了集体土地产权，在实现公平中兼顾了效率。改革开放以来，土地承包经营权的变化遵循着“公平优先”到“注重效率”的逐步转变。但是，过分地“重视公平”却使成片土地变得细碎化，且在频繁地调整中又让更多的农民心存杂念，导致生产经营中的短期行为，土地经营的成本投入注重眼前利益，影响到农业经济效益的提升，制约着农业的可持续发展。推进土地承包经营权流转是在坚持土地集体所有的前提下进行的，农民依然享有“法定承包权”，通过承包方式可以从集体经济组织中获得土地承包经营权，这对集体成员都是平等的，也是公平的。另一方面，又允许土地承包经营权的自愿、依法流转，则为土地资源的优化配置创造了条件。在这种情况下，土地承包经营权人可以结合家庭的具体情况或个人实际，做出流转部分或全部土地的承包经营权的决策，以实现利益最大化。通过土地承包经营权的流转，对分散、细碎土地进行整合，就能够实现资源的优化配置，使土地经营达到了较大规模，这既节约了生产经营成本，又提高了农业劳动效率，从而为农业的更大发展创造了机遇。

第二，土地承包经营权流转有效地维护了农民的土地使用权和收益权。“适度规模是生产规模的扩大正好使收益递增达到最大。”①“土地集体所有、家庭分散经营”的家庭联产承包责任制虽然调动了农民的生产积极性，采用劳动密集型的作业方式，土地生产效率与以往社会相比，的确是比较高的，但以家庭为单位的小规模分散经营，劳动生产率亦是可想而知的。况且，随着农村生产力的发展，分散经营的弊端也更加显现，客观上需要适度规模经营的制度安排，将土地适度集中，采取市场化运作，以降低小农经济、农业个体经济的经营风险，提高劳动生产率。在谈到适度规模经营时，

① 梁小民．西方经济学教程［M］．北京：中国统计出版社，1997：133.

基思·格里芬认为："有三点发现似乎已为人们所确认无疑，第一，职工人均产出随农场规模而增加；第二，每公顷总产出（或收益）随农场规模的扩大而下降；第三，每公顷的附加价值（或净收入）也随农场规模的扩大而下降。也有例外，但是极少的。"[①] 而土地承包经营权流转是进一步强化和确认了土地承包经营权，为农业适度规模经营提供了前提和条件。通过土地承包经营权的流转，既盘活了土地和劳动力资源，避免了土地资源闲置和配置的低效率，减少了劳动力资源投入，推进农业现代化进程明显加速，又使农民的土地使用权和收益权得到实现和维护。

第三，土地承包经营权流转促进剩余劳动力转移和农村产业结构调整。德国著名的发展经济学阿尔伯特·赫希曼（Albert Otto Hirschman）根据"连接环节"理论认为：连接环节长的产业能大量解决就业和发展国民经济，工业的连接环节长于农业产业，而应让工业优先发展。这就告诉我们，大量的农村剩余劳动力转移，在农业内部充分就业的情况下，重视以"离土不离乡、进厂不进城"的方式大力发展农村第二、第三产业，并适当延长农业产业链，以转移更多的农村剩余劳动力。土地承包经营权流转在为农业适度规模经营创造条件的同时，也促进农村产业结构的不断调整和优化升级，逐步实现传统农业到现代农业的过渡，由农业单业态向农业多业态转变，逐步推进农村第二、第三产业的适度发展。伴随着土地承包经营权的流转，与农业产前、产中、产后相关的生产经营组织逐步形成并发展起来。出现了农村产业发展的多种模式，如"公司+农户""农业专业技术协会十农户""公司+中介组织十农户"，等等。这些生产经营组织甚至把生产的末端直接延伸到流通领域，形成了"产、供、销"一体化的完整产业链条，而每个环节又是符合专业要求的。这不仅吸纳了大量的剩余劳动力，也改变着农村的产

① 基思·格里芬．可供选择的经济发展战略［M］．北京：经济科学出版社，1992：181-182.

业结构，活跃着农村市场，促进了农民收入增加。

四、“三位一体”农村合作组织理论的探索实践

2013年11月，十八届三中全会通过了《中共中央关于全面深化改革若干重大问题的决定》，就农村经济发展议题，既继承前人又突破陈规，在坚持土地集体所有权、稳定农村土地承包关系，鼓励土地承包经营权流转的基础上，明确提出：将农业企业与专业大户、家庭农场、农民合作社并列，成为承接土地承包经营权流转的载体，同时“鼓励农村发展合作经济，扶持发展规模化、专业化、现代化经营”[①]，允许财政资金直接投向符合条件的合作社，允许财政补助形成的资产转交合作社持有和管护，允许合作社开展信用合作。这是对农村发展合作经济的重要部署，是一项新的政策突破，不仅提出了农村发展合作经济的基本要求和方向，同时也提出了支持农村发展合作经济的具体政策措施。

（一）“三位一体”农村合作组织的初步探索

“统分结合”的家庭承包责任制的实践推进，使“分”的积极性得到了较好的体现，促进了农业生产的发展，但是，“统”怎么才能适应市场经济、规模经济，却始终没有得到很好地解决。邓小平晚年关于“两个飞跃”的科学论断中虽然提出了发展集体经济的重大议题，认为规模经营可以有多种实现途径，但并没有不得及进行深入阐发。这里的集体经济所指显然不是回到“一大二公”，而是集体经济性质不变基础上的合作经济。这个历史重任，跨越时空，落到了以习近平为核心的新的中央领导集体的肩上。

2006年中央1号文件正式印发，掀起了全国各地建设社会主义新农村的高潮。也正是在这一年初，在浙江全省农村工作会议上，

① 中共中央关于全面深化改革若干重大问题的决定［EB/OL］. http：//news. xinhuanet. com/2013-11/15/c_ 118164235. htm

时任浙江省委书记习近平根据新农村建设和现代农业发展的要求，明确提出了“农民专业合作社、供销合作社、信用合作社‘三位一体’的农村新型合作体系构建”的宏伟构想，以实现为“三农”服务的科技、流通、金融三重合作功能的一体化。在浙江省委、省政府的推动下，温州瑞安率先组建了以多类组织、多重功能、多个层级构成的“三位一体”农村合作协会并展开综合试点。2006 年 10 月，习近平在听取试点工作的汇报以后，对此项工作给予了积极肯定并决定在全省更大范围内进行试点、推广。2013 年 8 月，浙江省供销社下发的《关于深化“三位一体”农村新型合作体系建设的指导意见》，从“三位一体”农村合作组织建设的重要意义、指导思想、工作目标、基本要求、主要任务和具体措施等多方面进行了全面论述，该意见对“三位一体”农村组织建设起了有力的指导和推动作用。浙江“三位一体”农村合作协会的组建和实践，在发展农村新型合作经济方面认真探索、大胆实践，积累了诸多有益经验。在浙江省的示范带动作用下，“三位一体”的农村合作组织如雨后春笋般在全国各地喷薄而出。

（二）“三位一体”农村合作组织的理论意义和实践价值

“三位一体”农村合作组织的初步实践表明，以农民专业合作社、供销合作社、信用合作社联合构成的“三位一体”农业综合服务平台是顺应了现代农业发展的迫切需求，是符合现代农业发展方向的一个新生事物。这种合作组织既是对美、日、韩等西方国家农业作用模式的借鉴，又是对 20 世纪 50 年代形成的供销社、信用社的“釜底抽薪”，是彻底地改造利用。就其性质而言，“三位一体”农村合作组织是农业规模化、专业化和现代化经营的合作经济组织，是一种新的经济组织形式。这一新型农村合作经济组织，在坚持“家庭承包、统分结合”的经营体制、稳定土地承包经营关系的基础上，进一步丰富拓展了统分结合的双层经营体制中“统”的内涵，把“统”转到了市场经济的轨道上来，是“统”的层次上的重大突破和自主创新。“三位一体”农村合作组织通过与市场的有效对接，使农民能够根据市场需求变化来安排生产、组织经营，既提升了农民参与市场竞争的能力，为家庭生产经营进一步走向市场、走向现代化开辟了新的空间。亦不否认，“三位一体”农村合作组织作为新生事物，在实践推进中仍待于不断的探索和完善，但这一新生事物的发展方向是符合现代农业发展要求和广大农民意愿的，也是符合农村各类合作经济组织的共同利益的。应按照十八届三中全会精神和中共中央的有关要求，深入研究并积极推动“三位一体”农村合作组织在更大范围的实践和发展。

第五章　马克思土地产权理论中国化的价值意蕴

理论指导着实践推进，实践催生新的理论。马克思土地产权理论指导着中国的土地革命和土地产权制度改革的伟大实践进程。伴诸实践推进和理论探索，形成了中国化的土地产权理论成果，彰显着中国特色、中国风格和中国气派，具有独特的、精深的价值意蕴。探寻马克思土地产权理论中国化的价值意蕴，能够增强人们对马克思主义中国化的全面理解和科学把握，充分认识到解决和处理中国革命、建设和改革进程中的重大问题，必须立足实地、顺势而为，即立足于中国的特殊国情，顺应时代发展需求并尊重人民群众的意愿，不断推动理论的重大突破和创新。

第一节　马克思土地产权理论中国化破解了中国革命和建设难题

传统中国是以农业为主的国家，绝大多数人居住农村以农为业，土地在人们心目中的地位尤其重要。伴之现代化推进步伐，即便农民进城借以他业而获得更大发展，但有些人依然视农业为生存发展之源，始终执之不弃。这一特定国情决定了农业、农村和农民问题始终是中国革命和建设的根本问题。无论新民主主义革命，还是社会主义建设和改革都把起点抑或重点放在农村，把解决农民最关心、最直接的土地问题置于中心地位，表现出“农村先行、城市跟进”的鲜明特征，这种惊人的历史相似或巧合，体现了中国的特殊国情和我党放眼农村，关注农民、重视农业的深深情怀。

一、以解决农民的土地问题为革命中心问题，催生、凝聚革命力量

中国近代百年革命历史告诉人们：革命取得成功，人是最具决定性、最活跃的因素。革命之所以取得成功：一是必须有先进阶级的领导以把握革命方向；二是需要有好的群众基础以催生、凝聚革命力量。毛泽东在《中国社会各阶级的分析》中开篇即言，“谁是我们的敌人？谁是我们的朋友？这个问题是革命的首要问题。”① 无产阶级最有远见、最大公无私和最具有革命的彻底性、坚决性，是领导力量；农民阶级长期受到压迫和剥削，具有强烈的反抗精神，蕴藏着极大的革命性，是革命的基本力量、主力军，无产阶级最可靠的同盟军。这两大阶级是革命的最基本力量，很大程度上决定着革命的成败。而无产阶级以马克思主义武装自己的头脑，最具有先进觉悟，“五四运动”后期已经作为一支独立的力量开始登上政治舞台，那么人数最多的农民阶级又如何才能将他们发动起来、组织起来呢？土地是农民生存的重要保障，被誉为农民的命根子。解决了农民最关心的土地问题，也就调动了农民支持、参加革命的热情。

（一）农民问题是中国革命的中心问题

由于西方列强的恣意侵略和统治阶级的妥协退让，造成近代中国的政治经济发展极端不平衡，形成了城市和农村较为特殊的“二元”关系。伴随着近代城市工业的兴起，无产阶级开始出现，而受

---

① 毛泽东选集（第1卷）[M]．北京：人民出版社，1991：9.

制于西方侵略力量的干扰和破坏，中国近代城市工业呈畸形发展的状态。城市工业尤其是沿海地区城市工业有较大程度的发展但是又很不充分，既要仰仗各种封建势力、买办力量的暗助和支持，又不得不依赖西方国家生产设备、资金技术等方面的适度支持，更与传统农业有着千丝万缕的联系。一方面城市工业需要的产业工人来源于城乡破产失业的农民、手工业者和城市贫民，另一方面城市工业发展所需要的原材料也离不开农业生产。由此可见，尽管无产阶级最为先进、最有觉悟，是近代中国革命的领导力量，但因近代城市工业发展不充分，无产阶级的数量相对较少，而广大农民与无产阶级又有着天然的密切联系，进行革命必须将农民放在应有位置上并给予足够重视。不仅如此，革命的敌人主要盘踞在大中城市，分布集中而便于组织，在革命力量如星星之火的情况下在城市与凶残的敌人进行“硬碰硬”的殊死较量，免不了革命最终失败的命运。这就决定了在革命初期相当长的一段时间里，必须将革命的重心放在农村，切实关注农民问题，待革命力量进一步发展、壮大而成燎原之势时，才能聚集起来、握成拳头给反动统治阶级以致命的打击。

毛泽东是较早关注农民问题的马克思主义者。1923 年 6 月，在中共“三大”会议上，毛泽东特别强调了农民问题对于革命的重要意义。根据张国焘回忆，毛泽东向大会指出，“湖南工人数量很少，国民党员和共产党员更少，可是满山遍野都是农民”，并在分析论证之后得出了“任何革命，农民问题都是最重要的”[①] 结论。在韶山从事农民运动的实践，进一步推动了毛泽东对中国农民问题的认识。他在《中国社会各阶级的分析》一文中明确地指出了农民是无产阶级最广大和最忠实的同盟军。基于对中国革命现状和农民问题的把握，1926 年 9 月，他在《国民革命与农民运动》这篇文章中，鲜明地指出：“农民问题乃国民革命的中心问题”，中国革命若没有

① 张国焘．我的回忆（上）［M］．北京：东方出版社，1998：273-274.

广大农民参加，就不可能取得胜利，并号召“有大批的同志，立刻下了决心，去做那组织农民的浩大的工作。要立刻下了决心，把农民问题开始研究起来。”① 在声势浩大的民主革命运动中，没有农民阶级的参与，决不能解答“革命动力源之何处”的难题，也不可能造成现时乡村的革命状态，完成民主革命。从这个意义上说，中国共产党领导的新民主主义革命，进行的武装斗争，实质上就是无产阶级领导的农民革命战争。

（二）土地问题是农民问题中的核心问题，是农民最关心的问题

农业社会的中国，土地问题是引发诸多矛盾的导火线，农民与地主因是否拥有土地而形成尖锐对立，二者由此享有的政治地位、获得的经济权益也截然不同。正因为如此，广大农民有着获得土地的强烈愿望。可以说，土地问题是农民最关心的问题。让广大农民支持、参加革命，就必须解决他们的土地问题。

为了把握中国的土地问题，毛泽东曾做过多次调查研究，以便弄清农村的阶级状况和各阶级占有土地的状况，并在实践中积极探索，寻找解决土地问题的办法。1929 年 4 月，在他主持下制订的《兴国土地法》，将《井冈山土地法》规定的“没收一切土地”调整为“没收一切公共土地及地主阶级的土地”。这是对解决土地问题方案的一次重大调整，消除了广大农民的种种疑虑。1931 年 2 月，在毛泽东主持下通过的《土地问题与反富农策略》的决议和他给江西省苏维埃政府的信中，明确地提出了土地所有权归农民私有的主张。这项政策抓住了农民问题的核心，提高了广大农民支持暴动、参加革命的热情。这就是说，农民参加革命的态度，很大程度上取决于能否获得土地。1934 年 1 月，毛泽东在江西瑞金第二次全国工农代表大会的报告中明确地阐明了这一问题。他指出：“要得

① 毛泽东文集（第 1 卷）［M］. 北京：人民出版社，1993：37.

到群众的拥护吗？要群众拿出他们的全力放到战线上去吗？那么，就得和群众在一起，就得去发动群众的积极性，就得关心群众的痛痒，就得真心实意地为群众谋利益，解决群众的生产和生活的问题，盐的问题，米的问题，房子的问题，衣的问题，生小孩子的问题，解决群众的一切问题。我们是这样做了，广大群众就必定拥护我们，把革命当作他们的生命，把革命当作他们无上光荣的旗帜。国民党要来进攻红色区域，广大群众就要用生命同国民党决斗。这是无疑的。”[①] 中国共产党领导下的土地革命就是围绕农民最关心的土地问题而展开的，目的在于消灭地主阶级的封建土地私有制。1947 年 6 月，毛泽东总结革命实践经验时指出：“全党必须明白，土地制度的彻底改革，是现阶段中国革命的一项基本任务。如果我们能够普遍地彻底地解决土地问题，我们就获得了足以战胜一切敌人的最基本的条件。”[②] 土地改革运动的开展，使地主阶级占有的土地逐步转移到广大农民手中，基本解决了农民最关心的土地问题，满足了全体农民尤其是贫雇农的土地要求。农民最关心的土地问题得到解决，催生、凝聚革命力量的难题自然破解了。并由此形成了一股强大的革命洪流，以锐不可当之势迅速埋葬了蒋家王朝，建立了人民当家做主的新中国，民族独立和人民解放的历史任务顺利完成。

二、“土地集体所有、集中统一经营”为工业化推进奠定坚实基础

土地改革任务的基本完成，大量的土地转移到广大农民手中，封建半封建的土地所有制转变为农民的土地所有制。就所有制性质而言，农民的土地所有制仍然是一种私有制形式，是不符合生产资料公有的社会主义制度要求的。况且，变落后农业国为先进工业

① 毛泽东选集（第 1 卷）［M］. 北京：人民出版社，1991：124-125.
② 毛泽东选集（第 1 卷）［M］. 北京：人民出版社，1991：1252.

国，就必须发展新民主主义性质的经济并稳步推动其向社会主义性质过渡。

（一）实现工业化是社会主义中国的目标任务

民族独立、人民解放和国家富强、人民富裕是近代中国面临的两大历史任务。民族独立、人民解放任务的完成为国家富强、人民富裕任务的实现创造了必要前提。历史经验表明，改变贫穷落后的面貌，实现国家富强、人民富裕，使中华民族真正地屹立于世界民族之林，必须走工业化的发展道路。

早在1945年4月，毛泽东在中共“七大”报告中就已经强调了发展工业的重要性，明确地提出了工业化的目标任务。他在报告中指出：“在新民主主义的政治条件获得之后，中国人民及其政府必须采取切实的步骤，在若干年内逐步地建立重工业和轻工业，使中国由农业国变为工业国”①，中国工人阶级要为着工业化目标任务而斗争。在革命形势明朗、新生政权即将成立之时，毛泽东再次提出了工业化发展的问题。1949年2月，在七届二中全会上，毛泽东对中国工业的总体发展状况作了客观分析，提出：“在革命胜利以后，迅速地恢复和发展生产，对付国外的帝国主义，使中国稳步地由农业国转变为工业国，把中国建设成一个伟大的社会主义国家”②的宏伟目标。针对当时中国的现代性工业规模较小且发展层次偏低，而产值也仅占国民经济总产值10%左右的现状，他认为，“占国民经济总产值百分之九十的分散的个体的农业经济和手工业经济，是可能和必须谨慎地、逐步地而又积极地引导它们向着现代化和集体化的方向发展的，任其自流的观点是错误的。”③ 那么，对个体农业经济和手工业经济又应该如何进行引导呢？马克思主义经典作家关于农业合作化思想的精辟论断为毛泽东提供了借鉴参考。他

---

① 毛泽东选集（第3卷）［M］．北京：人民出版社，1991：1081.

② 毛泽东选集（第4卷）［M］．北京：人民出版社，1991：1437.

③ 毛泽东选集（第4卷）［M］．北京：人民出版社，1991：1431.

认为，“合作社是以私有制为基础的在无产阶级领导的国家政权管理之下的劳动人民群众的集体经济组织”[①]，将个体农业经济和手工业经济组织在合作社内是切实可行的，也是符合发展工业化，推进工业目标任务需要的。

（二）土地集体所有的农业合作化缓解了工业化原材料供给的矛盾

新中国是在一穷二白的基础上建立起来的，生产力相当落后、物质基础尤为薄弱。随着土地改革任务的完成和国民经济恢复任务的完成，政治、经济等各方面虽然有了较大程度的好转，但是生产发展的总体形势依然不容乐观。在这样的情况下，推进工业化的目标任务是可想而知的。马克思主义唯物史观认为，生产力与生产关系的矛盾运动推动着社会向前发展。因此，把我国建设成为一个社会主义工业化国家，还必须抓住这对矛盾，推动新民主主义生产方式向社会主义生产方式过渡。

1948 年 4 月，在晋绥干部会议上的讲话中，毛泽东谈到建设工业国家的任务时，就曾指出：“消灭封建制度，发展农业生产，就给发展工业生产，变农业国为工业国的任务奠定了基础”[②]，表明工业化不是孤立进行的，而是以农业的发展为基础的。在这里指涉的农业，并非以小农经济、个体经济为主的传统农业，而是“土地集体所有、集中统一经营”模式下的合作化农业。为了适应推进工业化的需要，必须妥善解决社会主义经济与资本主义经济、小农经济、手工业经济之间的矛盾。为此，1952 年底，党中央遵照毛泽东的建议，提出了“要在一个相当长的时期内，逐步实现国家的社会主义工业化，并逐步实现国家对农业、手工业和对资本主义工商业的社会主义改造”的总路线。可以说，农业社会主义改造的过程即

---

① 毛泽东选集（第 4 卷）［M］. 北京：人民出版社，1991：1432.

② 毛泽东选集（第 4 卷）［M］. 北京：人民出版社，1991：1316.

是推进农业合作化运动的过程。在党的正确领导下，遵循自愿互利、典型示范和国家帮助的原则，采取互助组、初级社和高级社等合作形式，把以生产资料私有制为基础的小农经济、个体经济，改造成为以生产资料公有制为基础的农业合作经济。农业合作经济实现了土地等主要生产资料的集体化，人、财、物等要素资源的相对集中、统一使用，满足了社会主义工业化对粮食、原料、市场和资金等方面的需求，是基本适应社会主义工业化发展需要的。以此为坚实基础，社会主义工业化不断推进，独立的、比较完整的工业体系逐步建立起来，为社会主义制度的巩固提供了强有力的经济支撑。

三、改革率先从农村起步，积累的经验为全面改革提供了有益借鉴

社会主义建设的初步探索积累了有益经验，也付出了惨痛代价。尤其是“文化大革命”造成的严重社会后果，“就整个政治局面来说，是一个混乱状态；就整个经济情况来说，实际上是处于缓慢发展和停滞状态。”[①] 彻底扭转这种局面，必须解放思想、锐意改革。改革作为一次新的试验，为了减少社会阵痛，农村成了改革的历史起点和关键的突破口。

（一）家庭联产承包责任制是一场伟大而深刻的社会变革

实践经验表明，在生产力尚不发达的情况下，推行“土地集体所有、集中统一经营”或“集体所有、共同劳动、吃大锅饭”是行不通的，极大地抑制了广大农民的创造精神和生产热情，生产力发展也始终处于徘徊不前的状态。

解放思想、实事求是思想路线的重新确立，冲破了传统观念和条条框框的严重束缚，旧体制压抑下的能量有了释放的空间，农村

① 邓小平文选（第3卷）[M]．北京：人民出版社，1993：264.

渐趋活跃起来。经“包产到户”的突破和“包干到户”的试点成功而得到中央的肯定和支持，家庭联产承包经营责任制开始全面推开并被确定为一项基本经济制度而载入宪法。家庭联产承包责任制实行土地产权权能分离，土地所有权仍归集体所有，但土地经营权由集体经济组织以承包方式转给农民，由农民自主经营、自我管理，集体经济组织负责承包合同监管和公共设施高度，形成了“集体所有、统分结合”的双层经营体制。家庭联产承包责任制在全国范围内全面实行，纠正了农业生产领域长期存在的管理高度集中和经营方式过分单调的缺陷和弊端，使农民在集体经济中由单纯的劳动主体变成既是生产主体又是经营主体，从而极大地调动了农民的生产热情，增强了他们的责任心，较好地发挥了劳动、土地等农业要素资源的潜能，提高了农业劳动生产率，推动着农村经济的快速健康发展，使农民的生活质量有了较大改善。同时，伴随着农业生产力的逐步提高，农产品变得更加丰富，农村市场趋于活跃，剩余劳动力也开始大量出现，从而进一步推动了农产品统派统购制度的改革以及其他相关经济体制的改革。承包制、双轨制等制度性创新使农村改革取得了突破性成就，对中国经济体制改革乃至于全方位、宽领域改革的铺开起到了示范引导作用。

（二）农村体制改革的示范效应带动了中国改革全面铺开

家庭联产承包责任制的推行，促使中国农村发生了翻天覆地的变化，深刻地改变了当代中国的历史进程。农村改革作为中国改革的“试验田”，它的成功实践和良好的示范效应，推动了城市以至整个国民经济体制的改革。

1984 年 10 月，十二届三中全会召开，这是确定改革方向的一次重要会议，讨论通过了《中共中央关于经济体制改革的决定》，是指导我国经济体制改革的纲领性文件。该决定明确提出，进一步贯彻执行对内搞活经济、对外实行开放的方针，加快以城市为重点的整个经济体制改革的步伐，是当前我国形势发展的迫切需要。如何才能搞活经济呢？该决定指出，在公有制基础上发展商品经济是可行的，而这个商品经济是有计划的商品经济。在计划经济体制下允许发展商品经济，尽管仍然亟待完善，却从实质上确定了中国改革的市场经济方向。从该决定的内容来看，主要是围绕经济体制改革议题进行展开，但亦在经济体制改革目标、增强企业活力、运用价值规律、政企职责分开、经济责任制等方面作了较为详细的阐述，具有更加广泛、更加全面的指导意义。该决定的通过，标志中国改革从小范围局部试点开始迈向以市场为取向的全面改革。

改革是一个涉及全方位、多层次、宽领域的重大课题，有牵一发而动全身之效。在推进农村改革进程中，催生出无数以农民为主角的农村集贸市场，推动着农村经济的繁荣，个体商业恢复并展现出勃勃生机，零售店铺大量涌现，城乡个体经济得到恢复和发展，促进了农村剩余劳动力就业，使农村经济生活开始出现多年未有的活跃局面。但农村经济不是孤立的一块，而是与城市经济相互依存、相互促进，与其他产业密切相联。在农村改革涌进的态势下，国有企业要打破瓶颈、增加活力，发出了“请给我们松绑”的强烈呼吁。顺应这一形势，农村土地所有权与经营权分离运行的模式渐被引介到国有企业中，出现了承包经营责任制、租赁制、资产经营责任制、税利分流以及股份制等多种经营方式的改革试点。多类市场主体的出现，促进了市场的发展繁荣，将物价改革推到了浪尖之上。1988 年 5 月，邓小平会见朝鲜政府军事代表团时，在《理顺物价，加速改革》的谈话中强调：理顺物价是加快改革的重要步骤，“物价改革非搞不可，要迎着风险、迎着困难上。”① 经济领域的改革如此，其他领域又何尝不是如此呢？遵循着由易到难、由浅而深、由点到面的原则，改革由特定领域起步的“点”推向纵深领域铺开的“面”，逐步形成了全面开花的改革局面。

---

① 邓小平文选（第 3 卷）［M］. 北京：人民出版社，1993：169.

第二节　马克思土地产权理论中国化引导群众迈上小康富裕道路

《汉书·郦食其传》载：“王者以民为天，而民以食为天”，吃饱穿暖乃古时中国寻常百姓家之理想矣！但是，在土地私有的剥削社会里，绝少数人掌握土地所有权，不劳而获、尽食地租，绝大多数人艰辛劳作、受尽盘剥，然生活困窘而不得温饱。历届中央领导集体在推进马克思土地产权理论中国化的实践进程中，解决了农民最关心、最直接、最现实的土地问题，实现了耕者有其田、劳而有所获，生活温饱而奔上小康富裕道路。

一、土地所有权、承包经营权分离运行，农民温饱问题得而解决

土地产权是存在于土地之中的排他性完全权利，包括土地所有权、使用权、租赁权、抵押权、继承权、地役权等诸项权能。这些权能究竟又是如何运行呢？不可否认，这是多元复杂因素互动共推的结果。在土地等生产资料公有的社会主义社会，马克思经典著作中虽然没有就土地产权运行提供现存答案，但却蕴藏着解决问题的思路和办法。或权能结合统一运行，或权能分离独立运行。这取决于环绕着它的具体“实境”。

（一）土地产权权能集中统一运行状态下关注农民生活温饱的探索

伴随着土地改革任务的顺利完成，农民群众获得了土地，真正地实现了“耕者有其田”；农业合作化运动的顺利推进，土地、牲畜、大型农具等生产资料逐渐转移到集体手中，小农经济、农业个

体经济转化为社会主义性质的集体经济。生产资料转归集体所有后，统一组织生产劳动，劳动产品由集体进行统一管理和支配，实行“各尽所能、按劳分配”，同工同酬。但是，将土地产权的所有权能都收归集体，割断了农民和土地之间的天然的直接联系，就当时情况而言，是超越生产力发展水平的，提出“共同富裕”的目标只能是一种口号。分配原则中的同工同酬，又是以共同富裕为重要前提的，不可避免地埋下了“重视公平、忽视效率”的隐患。在实践推进中，随着所有制向“公有”方向的进一步发展，农民的自留地、私有房屋、家禽家畜等生产生活资料也一并转归集体所有，农业合作化时期的小集体经济变成了大集体经济。大集体经济强调“一大二公”并以“一平二调”的方式消灭贫富差距，使平均主义和“吃大锅饭”现象更为普遍。“三级所有、队为基础”到“三级所有、生产队为基础”的政策调整和切实贯彻，在一定程度上遏制了农业生产分配中的平均主义倾向，“共产风”趋势明显减缓，使得农民的损失略有减少，逐步得到较多实惠。但是，土地产权权能集中统一的运行模式存在着极大的不合理性，挫伤了农民群众的生产热情，并不能充分调动他们的生产积极性，通过集体劳动获得的劳动产品总量偏低，能分配到农民群众手中的生活资料就更少了，达到生活温饱尚有较大的距离。

（二）“土地集体所有、家庭分散经营”方式解决了农民温饱问题

土地制度的创新突破是促进农业生产发展、农村经济繁荣和农民增收致富最主要、最积极的因素。十一届三中全会的召开，特别是《关于加快农业发展若干问题的决定》的印发实施，“包产到户、包干到户”渐而受到有关方面的积极肯定，逐渐给予了农民生产分配上的更大自主权；家庭联产承包责任制把集体所有的土地以家庭为单位进行承包，实行分户经营、自负盈亏，是统一经营和分散经营相结合的一种经营形式。家庭联产承包责任制是农村经济体制的

一次重大变革，打破了严重束缚农业生产发展的人民公社“一大二公、平均分配”的集体经营模式，使土地所有权和使用权相分离，赋予农民进行农业生产经营活动的各项权利，确立了农民家庭经营的主体地位，构成了我国农业进步和农村经济发展所依赖的具有活力的微观基础。家庭联产承包责任制采取“土地集体所有、家庭分散经营”的方式，是以集体经济性质不变为根本前提的，土地所有权仍然归劳动群众集体所有，农民个人所获得的仅是土地使用权，这既保持了集体经济的优势，又能够充分发挥农民的生产积极性，因而受到农民的普遍欢迎。家庭分散经营是比较适宜农村生产的经营方式，它的大范围实施，在其初期就取得了较为显著的成效，它成为农业增长的内在动力和源泉，从而促进了农村生产力的快速稳步发展，促进了农业产量的大幅度增长，粮食、棉油等产量大幅度提高，使农民的生活质量有了明显改善。正是在此意义上，有学者直言，“以家庭为单位的土地分散经营模式以其灵活的机制，解决了农民的温饱问题”①，事实充分证明，此的确非虚言矣！

二、农村剩余劳动力在有序转移中，百姓生活逐步达到小康水平

伴随农业生产力的发展进步和劳动生产率的逐步提高，农村中出现的大量剩余劳动力进城务工，导致土地闲置、耕地撂荒现象趋于严重，造成土地资源利用率下降。与同此时，家庭联产承包责任制在推进实施中，农业产业结构矛盾、农产品供需矛盾日渐突出，整个农村经济丧失了生机和活力，农民负担重、增收难的问题逐渐凸显出来。促进农业发展、农民增收，在夯实农业基础地位的同时，必须解决人地关系这对矛盾，推进农村剩余劳动力有序转移。

（一）提高土地资源利用率，确保农民稳定增收

土地资源利用率很大程度上关系到农村经济发展的速度，直接

① 邓大才．农村土地分散经营模式面临挑战［J］．党政干部论坛，2000（07）：38.

影响到农民地产收益。改革开放初期，外界的诱惑力相对较弱，加之农村中大部分人受到小农意识的严重束缚，思想守旧，活动半径相对较小。推行家庭联产承包责任制极大地调动了农民群众的生产积极性，促进了农业增产、农民增收。但毋庸置疑的是，以家庭为单位的承包经营方式将相对成整的地块分割成细碎零散的小块土地，实行分户经营管理，不少耕地变成了田埂、地沟。由于地块面积较小，机械化作业存在较大困难，基本上沿袭传统的作业方式。由此可见，家庭分散经营的方式既不利于农业的适度规模经营，也不利于农业劳动分工，更无助于农业技术的进步。它在提高劳动生产率的同时却极大地降低了土地资源的利用效率。

土地承包经营权是法律赋予农民最重要的财产权利，是农民生存发展的基本保障，必须得到切实维护。在这种情况下，提高土地资源利用效率，就需要稳定土地承包经营关系。在坚持土地承包经营关系长久不变的前提下，鼓励土地等农业要素资源进行市场化运作，大力倡导与促进农民承包耕地集中连片，推动适度规模经营。当然，适度规模经营应当坚持“因地制宜、以粮为先、市场导向、统筹整合、利益共享”的基本原则，以提高农业要素配置效率为目标，以培育新型农业经营主体为载体，以健全农业生产社会化服务体系为支撑，以体制机制创新为动力源，统筹整合相关涉农资金，运用支农政策形成组合拳，充分调动各类市场主体的积极性，着力提升适度规模经营水平。农业市场化运作和适度规模经营，使土地资源利用率显著提高，农民在权益不减的前提下实现了稳定增收。

（二）转移农村剩余劳动力，拓宽农民增收渠道

“一个国家的劳动力就业规模与该国家的经济发展水平、与之相适应的经济结构、与生产力发展相适应的生产关系的组合形式及与人口总量变化相关联。”① 在农业生产力水平提升、城市二元经济

① 鲁士海．我国农村剩余劳动力转移的现状与对策［J］．经济管理与研究，1995（03）：32.

结构影响和农村人口增长等复杂因素的交织作用下，农村劳动力大量过剩，而试图依靠农业生产促进农民增收已经变得相当困难。有序转移农村剩余劳动力是破解农民增收难的最有效途径。第一，充分挖掘农业内部就业空间，稳步推进农业发展。“农业本身的巨大潜力充分地挖掘出来、发挥出来，就可以大大拓展农村剩余劳动力在农业内部就业和发展的空间。”[①] 因此，要立足农业实际，加强农业资源综合开发，加快农业基础设施建设，适度调整农业资源利用结构，合理重组农业生产要素，发展劳动密集型农业，推进农业产业化经营，有效释放农业就业发展空间，吸纳更多的剩余劳动力。第二，加快推进工业化、城镇化，鼓励农村剩余劳动力入城进厂就业。推进工业化、城镇化一是促进重工业与轻工业协调发展，将产业发展重心由“微笑曲线”底端向两端扩展，即由低附加值环节向高附加值环节扩展，实现服务业与加工制造业的深度融合，二是以工业化为基础促进城镇特别是中小城市更快发展，充分发挥城镇的产业集聚功能，实现城镇人口密度的迅速提升。这样，就可以为农村大量的剩余劳动力创造新的就业机会。第三，发展农村教育培训事业，提高剩余劳动力的综合技能素质。针对农村剩余劳动力总体素质不高的现状，进一步健全完善农村教育政策，加大农村教育资源的投入。另外，亦可根据各地农业资源开发利用及农业现代化的具体要求，有效地对农村劳动力进行分层次、分专业、分类型的强化培训，以促进农村剩余劳动力就业。随着土地产权制度改革的不断推进，相关制度政策的健全完善、多项惠农举措的普遍推行，促进了农村剩余劳动力有序转移和充分就业，农民增收渠道逐步拓宽，终而实现了“虽不富裕、但日子好过”[②] 的奋斗目标。

① 陈玉光，孙丽洪．充分挖掘农业潜力扩大农村剩余劳动力在农业内部的就业空间［J］．山东农业大学学报，2004（02）：29.

② 邓小平文选［M］．北京：人民出版社，1993：161.

三、放活土地经营权、唤醒农村“沉睡”资产，群众迈上富裕路

解决温饱问题、达到小康水平，基本实现现代化的“三部曲”目标任务在20世纪末已经完成前两步目标任务。而现代化目标任务的实现就是在共同富裕的基础上再前进一步。发展相对薄弱的农村，土地是最基本的生产资料，走上富裕道路依然要围绕土地进行。放活土地经营权、唤醒农村“沉睡”资产是让群众富裕起来的重要性步骤。

（一）放活土地经营权，维护了农民土地经营权流转收益

“三权分置”的实践突破是“我国土地制度改革的又一次重大制度创新、理论创新和实践创新”①。所谓“三权分置”就是在坚持农村土地集体所有制性质不变的基础上，实现土地所有权、土地承包权、土地经营权分置，适度结合或彼此独立运行，旨在稳定土地承包权，放活土地经营权。放活土地经营权以不改变土地承包关系为前提，实质是赋予农村土地的资产性质和农民的财产权利。

伴随着农村改革向纵深的不断推进，大量农村劳动力离乡背井、进城务工，农民出现了明显分化，一部分农民陷入了“既不甘心守着家里的几亩薄田维持生活，亦对家里田地放心不下”的“两为难”境地。顺应农民“进城务工”的发展形势和农民保留土地承包权、流转土地经营权的意愿，将土地承包经营权分为土地承包权和土地经营权，是引导土地经营流转的重要基础。“三权分置”在集体经济组织的合法权益不受侵害的前提下，既保护了农民的土地承包权收益，又有助于放活土地经营权，促进了土地要素资源的合理有序流动，实现了资源的优化配置。况且，放活土地经营权流转

① 韩长赋．既保护农户承包权益，又放活土地经营权“三权分置”改革是重大制度创新［N］．农民日报（第2版），2014-12-22.

也适应了让市场决定资源配置的根本要求。明确土地经营权与土地承包权的分置关系，打破了行政区隔、城乡分治的界线，实现土地经营权在不同经营主体之间的自由流动，一方面可以扩大承包方和受让方的选择范围，促进土地交易公平和交易效率，可以适度提高土地经营权流转的收益，另一方面又能够让部分农村劳动力从土地上解放出来，安心进城就业，在获得收益的同时又满足城市二、三产业快速发展对劳动力的需求。

（二）唤醒农村“沉睡”资产，让农民分享农村改革红利

诚如四川省委书记王东明所言，“第一轮农村改革的红利几乎释放殆尽，问题倒逼改革，进一步调整农村生产关系势在必行。”[①]调整农村生产关系旨在让闲置的土地发挥应有价值，让撂荒的耕地重新进入生产领域和流通环节，使农民分享到改革发展的成果。

让农民群众共享改革发展成果，获得更多的改革红利，需要围绕土地做文章，在“明晰、稳定、放活、保障”八个字上狠下功夫。“明晰”即落实农村土地集体所有权，在坚持集体经济社会主义性质不变的前提下，通过确权颁证明晰农村承包土地权属、厘清土地产权各类主体的权利义务、明确土地承包关系，使土地产权关系由模糊走向清晰，不论是土地承包权还是土地经营权都允许在市场上进行自由交易；“稳定”即稳定土地承包经营关系长久不变，维护农民土地承包活动中的主体主位，赋予农民更大的土地经营自主权；“放活”即放活土地经营权，给予农民更多的选择权利和发展空间；“保障”即在土地经营权流转过程中，根据发展形势适时规范制度、完善政策，以保障农民对土地的收益权。从土地承包经营权的运行实践来看，土地承包经营权确权颁证仅仅是实现土地资本化的重要前提和基础，而要“唤醒”农村闲置土地、撂荒耕地，

---

① 放活土地经营权，唤醒“沉睡”资产中国农村改革第二次飞跃的四川实践［N］. 新华每日电讯（第4版），2014-10-20.

逐步使其资本化，关键在于放活土地经营权。在稳定土地承包权的基础上，鼓励农民以出租、转让、转包和入股等多种方式，有选择地放弃土地经营权，推动土地经营权向农业专业大户、家庭农场、农业合作社和农业企业等新型经营主体流转和集中，逐渐实现农业的规模化、集约化经营。只有这样，才能在维护农民土地承包权的基础上，适度引导农民彰显土地资源的经济功能，将闲置土地、撂荒耕地看作一种生产资本，自主自愿地促进土地资源资本化，推进土地经营权交易而获得更多地改革红利，从而在进入小康社会以后逐步迈向共同富裕之路。

第三节　马克思土地产权理论中国化奠定了新中国发展进步基础

西方列强的大肆侵略和恣意蹂躏，破坏了传统中国自给自足自然经济的演进发展轨迹，抑制了近代民族工业“增枝添叶”，一步步地将半封建半殖民地社会的中国逼向万劫不复境地，所谓国家的发展进步只能是口中说辞。然而，无产阶级的逐步觉醒，中国共产党的成立，迎来的革命曙光渐而驱散了笼罩于人们头上的阴霾。历届党的中央领导集体始终以解决绝大多数人最关心、最直接的利益问题为着眼点和落脚点，适时对土地产权制度进行合理的变动调整，刺激了生产、发展了经济，这就为国家更大的发展进步奠定了基础。

一、土地产权合理调整，农民群众生产热情明显提高

马克思曾经指出：人是生产力诸要素中最活跃、最革命的因素，是生产力的创造者和生产关系的体现者。因此，我们可以说农

民群众作为生产力的主体在农业生产经营活动中占主导和决定性的地位。意欲增强农业发展的生机与活力，调动农民群众的生产积极性是其间的关键因素。

纵观农业历史亦不难而知：当生产关系成为生产力发展的障碍时，必然引起生产关系的调整变动，以刺激农民群众的生产热情，进而推进生产力的向前发展。在以土地为基本生存资源的农业时代，这种生产关系的调整变动基本上围绕着土地变动抑或说土地产权配置、权益分配而展开的。自秦以降的农民起义，提出的口号多与此密切相关，“天补均平”“吾疾贫富不均，今为汝等均之”“法分贵贱，非善法；我行法，当等贵贱，均贫富”“等贵贱，均田免粮”“有田同耕，有饭同食，有钱同使，无处不均匀，无人不饱暖”等口号足可见矣！这是农民群众最关心的问题，亦是发动农民群众积极行动起来、调动他们生产热情的最有效手段。

土地改革运动变封建半封建的土地所有制为农民的土地所有制，农民获得土地，翻身成为土地等生产资料的主人。就法律物权而言，农民所获得的应当是全部的土地产权，是包括土地所有权在内的各项产权权能。在此基础上，又通过农业合作化运动引导农民在自愿互利的基础上组织起来，走互助合作道路，把小农经济逐步改造成为社会主义集体经济。1956 年底，基本实现了农业的社会主义改造，完成了由农民个体所有制到社会主义集体所有制的转变。这是土地产权的重大调整变动，实际上是土地产权由农民手中转到集体手中，是土地产权权能重新统合的过程。而这次土地产权的调整变动，顺应了农民群众要求走社会主义道路和改变经济落后面貌的迫切愿望，激发了农民群众的生产热情和干劲。我国农业发展在 1956 年至 1958 年间取得了巨大成绩，充分证明了这一点。

由于党内“左”倾思想的破坏和干扰，在生产资料所有制结构方面，推行“三级所有、队为基础”的人民公社体制；在分配制度方面，平均主义严重，很大程度上忽视了农民群众的个人利益。结果这种体制尽管一定程度上促进了生产力发展，但未能处理好国家、集体和个人的利益关系，影响了农民群众的生产积极性，因而在完成工业化原始积累的任务后，必然走向解体。伴之改革开放推进，党和国家对不合理的土地产权配置和权益分配再次作了重大调整。“集体所有、家庭经营”的家庭联产承包责任制实现了土地所有权和承包经营权的分离，农民群众从集体经济组织手中取得了土地的承包经营权，并依据承包合同约定的土地收益权分配方案获得了经济收益；土地承包经营权流转在土地集体所有属性不变的前提下，以土地承包经营为基础，实现了所有权、承包权和经营权的“三权分置”，发包方、承包方和受让方依据享有的土地产权取得相应的合法权益。“两权分享”、“三权分置”都是土地产权的合理调整变动，既是深化农村土地制度改革、调整生产力与生产关系的需要，也有效地保障了农民经济权益，在释放农村生产力的同时，进一步刺激了农民群众的生产热情。

二、土地资源优化配置，生产要素资源得到优化重组

资源优化配置是指社会通过科学合理的方式把各类有限资源配置到社会的相应领域，以实现资源高效率利用，产生最大的经济、社会效益。资源优化配置既包括企业内部人、财、物以及技术、信息等资源配置的优化，又包括社会范围内人、财、物等资源配置的优化。通常情况下，资源若能得到科学合理配置，效益就显著提高，社会就充满活力；反之亦然。

土地作为不可再生资源，“是农业生产最基本的劳动生产资料和劳动对象，农业问题从某种角度说就是土地问题”。[①] 中国是农业大国，土地能否得到优化配置直接关系到土地的利用效率，影响农

① 张清廉，于长立，王秀丽．农村土地资源优化配置与规模经营研究［J］．河南大学学报，2009（05）：64.

业的可持续发展和农村经济发展。然而，在计划经济体制下，国家通过行政命令或者指令性计划，如推行家庭联产承包责任制、稳定土地承包经营关系等，着力于土地产权及土地经营管理方式的调整。尽管土地产权关系的调整也在很大程度上调动了农民群众生产劳动的积极性，解放、发展了农业生产力，促进了农村经济发展，但土地资源、劳动力资源配置效率不尽人意是不争的事实。一方面，土地承包坚持“公平优先”的土地分配原则，依据人口多寡而非劳动能力高低进行分配，重视绝对公平的同时忽视了土地使用效率；另一方面，相关法律法规、政策制度又限制了土地承包经营权的有序流动，无助于土地资源的科学合理配置，导致土地资源使用的低效率。

法律法规的日益健全为土地承包经营权流转提供了更大活动空间，市场经济的逐步建立完善推动了土地承包经营权流转市场的建立完善，促进了农村要素资源的优化配置。第一，在土地承包经营权的流转中，土地所有权得到强化。农村集体所有制性质不变是土地所有权、承包权和经营权分离运行的前提，也是符合社会主义发展方向的。强化土地所有权有助于消除受让方的短期行为，增加土地使用的成本投入，保持土地可持续利用，不进行掠夺式经营；强化所有权能解除农民的心中顾虑，专注于经营其他产业，促进农业产业结构调整；强化土地所有权，厘清产权关系和产权边界，才能建立符合市场经济规律的土地流转机制，解决土地资源配置不合理的矛盾。第二，在土地承包经营权的流转中，土地使用权逐步放活。集体经济组织要按照农民自愿、双方受益、稳定承包、有偿转让原则，合理确定地价或租金，以转让、转包、出租、互换、入股等多种形式，推动土地承包经营权的依法流转，放活土地使用权，鼓励适度规模经营。第三，在土地承包经营权的流转中，剩余劳动力转移有序。一方面，要不断推进产业发展，扩大就业空间，吸纳更多的剩余劳动力，帮助他们增加收入；另一方面，在推进城乡一体化的进程中，加快城镇化建设的步伐，发挥城镇的辐射、带动作用，吸引周边剩余劳动力进城就业。第四，在土地承包经营权的流转中，土地管理逐步法制化、科学化。《中华人民共和国土地管理法》对土地资源的保护、利用和产权关系都有明确规定；《中华人民共和国农村土地承包经营权流转管理办法》对流转当事人、流转方式、流转合同、流转管理等亦有明确规定。这些法律法规，使土地管理、承包经营权流转趋于科学化、合理化。与此同时，土地承包经营权流转市场也已经建立并逐步健全，这就可以遵循市场经济的运行规律，充分发挥市场在配置资源中的决定性作用，促进土地资源的优化配置，实现农业生产要素资源的优化重组，在高效率使用中彰显最大效益。

三、土地产权有序运行，推动农村经济快速稳步发展

土地产权“高度集中、统一运行”的模式与我国生产力发展状况尚有些不适应，加之偏离广大农民群众的意愿，实践效果并不十分理想。“集体所有、家庭经营”使土地所有权、承包经营权分离，基本适应了农村生产力发展状况，促进了农村经济发展和社会全面进步。但是，随着生产力的进一步发展，农村大量剩余劳动力的转移，“两权分置”的家庭联产承包责任制的潜能开始逐步消散，潜在的弊端也逐步显现，客观上需要对土地产权运行模式再次进行适度调整，以提高土地资源的配置使用效率。

土地所有权、承包权、经营权的“三权分置”是适应现代农业形势发展客观需要的。土地所有权归属集体不变确保了农村经济的社会主义性质，土地承包权归属集体成员保证了法律赋予农民的“天然承包权”，而允许土地经营权流转实际上从一定层次上赋予农民土地的处置权，为土地资源的高效利用提供了宽松的政策环境和弹性空间。就实质层面而言，土地经营权流转就是“推进土地要素的市场化，能够有效改善土地资源配置效率，进一步激活农业剩余

劳动力的转移，为农业规模化、集约化、高效化经营提供广阔空间”。[①] 在市场经济运行环境下，土地作为一种生产要素资源，具有经济物品和商品化特征，其配置必然遵循市场经济规律，让市场在土地资源的配置中发挥决定性作用。况且，土地交易程度的提高“能够增加土地拥有者在需要土地时找到土地需求者的概率，也能增加土地投资实现其价值的概率，从而提高农民进行土地投资的积极性”。[②] 基于此，党和国家始终从整个国民经济发展和解决“三农问题”的战略高度着眼，借助顶层制度设计、体制机制创新保证和促进了农村土地流转的顺利进行。

（一）在国家政策引导下尊重经济运行规律，有序推动土地经营权流转

土地经营权作为一种特殊商品进入经济流通领域，究竟怎样流转、又流转到何处受市场的支配和引导，但在流转过程中会不同程度地受到国家的管理和规制，国家对土地经营权流转享有管理权和监督权。因此，土地经营权流转要符合国家相关法律、政策等规定，并受到国家法律法规、政策制度的约束。而这也是基于保障农民利益的需要。土地经营权流转引入市场经济体制以后，国家并非全面退出，而是在准确定位角色的基础上充分发挥其宏观调控的职能。在国家的法律监督和政策引导下，相关职能部门密切配合、各司其职，做到既不缺位亦不越权，使土地经营权流转逐渐地步入了规范化轨道。但土地经营权流转作为一种经济行为，又不是凭主观臆断、盲目决策，而是遵循经济运行的特定规律。一方面，尊重农民的主观意愿，给农民以更大的选择空间，坚持自愿原则逐步有序推进。由于传统耕作思维和习惯势力影响，农民对土地经营权流转

① 曾超群．农村土地流转问题研究［D］．湖南农业大学，2010：60.

② Besle，Timothy. Property Rghts and investment incentives：Theory and Evidence from China［J］. The Journal of Political Economy，1995，103（05）：903-937.

意愿不高的，特别是在农业税取消和国家农补加大后，农民种地意愿有所回升，不能错解政策做出误导。另一方面，要遵循经济运行规律，土地经营权流转属于经济学领域的范畴，流转层次和规模要与国家经济发展尤其是农村经济发展相适应，与农业生产力的总体发展水平相协调，既不能过度超越亦不能明显滞后。而是要从农村现状和农业发展的实际出发，因地制宜、分类指导，不能搞齐步走、一刀切。国家对土地经营权流转的宏观调整不是干预，而是在遵循经济运行规律基础上的引导。在市场经济条件下，农民是市场的重要参与者，作为市场主体亦是有限理性的生产者，在从事农业生产劳动的过程中离不开政府的校正、诱导。当然，国家宏观决策也是在遵循经济规律前提下的有限理性决策，从而使土地经营权流转始终处于相对有序的运行状态。

（二）规范引导土地经营权有序流转，促进农村经济快速稳步发展

土地经营权流转是在尊重农民群众意愿的前提下引导土地规范有序流转，以家庭经营为基础的同时积极培育新型农业经营主体，实现农业适度规模经营，确保国家粮食安全，推进农业现代化。这是中国农业生产格局的又一次变动，其根本目的不是消灭小农经济、农业个体经济，而是在更大范围内优化配置有限的土地资源，提高农业生产绩效。第一，明确土地经营权流转，不改变家庭经营基础地位。允许土地经营权流转，鼓励农业适度规模经营，但亦明确强调农业适度规模发展与城镇化进程和农村劳动力转移规模相适应，与农业科技进步和生产手段改进程度相适应，与农业社会化服务水平提高相适应，并非“大跃进”式地盲目推进。通过法律法规、政策制度的规范和引导，种植大户、家庭农场、农业合作社和农业龙头企业等农业中坚力量发展迅速，打破了家庭经营的“一统天下”局面，但家庭经营的基础地位依然没有变。第二，借以确权登记办法而稳定土地承包关系。由于农村承包地块的“产权归属不

明、四至界限不清、合同面积不准”，农民以转让、出租等方式流转土地经营权以后，合法权益往往受到侵害，而受让方基于土地产权模糊亦有种种疑虑。土地承包经营权确权登记夯实了农村土地经营权流转基础，既可以为解决土地权益纠纷提供法律保障，又可以为后续土地经营权更好地发挥功能奠定基础。第三，严厉措施遏制土地非粮化、非农化经营。为了加强土地经营权流转的用途管制，《关于引导农村土地经营权有序流转发展农业适度规模经营的意见》做出了“四个严禁”的规定，即严禁借用土地流转之名违规搞非农化建设、严禁在流转农地上建设或变相建设旅游休闲娱乐会所、严禁占用基本农田挖塘栽树、严禁圈占闲置耕地和损毁农田基础设施。“四个严禁”进一步澄清了耕地的性质和用途，明确了发包方、承包方和受让方的权利义务，对土地非粮化、非农化利用给予了有力遏制。土地经营权流转政策完善、制度创新，是农村土地集体经营制度的又一次重要突破，使土地经营权流转市场更趋健全，有效地引导和规范土地经营权流转，土地、劳动力等农村要素资源得到优化配置，推动农村经济跃上了新的更高台阶。

第六章　马克思土地产权理论中国化的经验借鉴

在推进马克思土地产权理论中国化的历史进程中，中国共产党坚持解放思想、实事求是，领导最广大人民群众推进土地产权制度变革、明确土地所有权归属、促进土地产权权能稳步有序运行，推动着中国革命、建设和改革中土地问题的解决和处理。回顾90余年的发展历程，马克思土地产权理论中国化走出了一条不平凡的道路，积累的丰富历史经验，对新时期土地产权制度改革和土地产权权能高效运作具有重大的借鉴价值和深远的启示意义。

第一节　马克思土地产权理论中国化的历史经验

辩证唯物主义认为：经验是在社会实践中产生的，是客观事物在人们头脑中的反映，是认识的开端。何谓经验？简言之，经验即从已发生的事件中获取的知识。中国共产党在推进马克思土地产权理论中国化的伟大实践中，围绕土地产权这个重大课题，积极创新、大胆突破，积累了丰富的历史经验。

一、既坚持“老祖宗”，又敢于“讲新话”，继承与创新相结合

“我们搞改革开放，把工作重心放在经济建设上，没有丢马克

思，没有丢列宁，也没有丢毛泽东。老祖宗不能丢啊！”[①]“老祖宗”指什么？“老祖宗”是马克思列宁主义、毛泽东思想的基本原理，就是对社会主义、共产主义的基本信念。坚持“老祖宗”，就是坚持马克思主义基本原理和鲜明观点、精辟论述；发展“老祖宗”，就是立足于中国国情，与时俱进地推进马克思主义中国化。推进马克思土地产权理论中国化既不能丢“老祖宗”，要灵活运用，又不能墨守成规，要敢于“讲新话”。

第一，马克思土地产权理论是完整的科学体系，必须“坚持”。马克思土地产权理论、马克思土地产权制度是政治经济学的重大理论问题之一，包括土地产权制度及其变迁理论、土地产权权能理论、土地产权结合与分离理论、土地产权商品化及土地产权配置市场化理论，以无可辩驳的事实正确揭示了土地产权价格的决定及运动规律，为我国土地产权制度改革指明了方向，对我国土地产权权能运行具有重大借鉴价值，其重要观点和基本原理并不因时间推移而过时，必须长期坚持而不能削弱。第二，马克思土地产权理论是在特定的社会环境下形成发展起来的，绝非终极真理，需要在实践中不断“发展”。一方面，马克思土地产权理论虽然也对东方国家的土地产权问题做了分析，但更多地以欧洲资本主义社会土地产权状况及其运行结构为参照系，是在欧洲的社会环境中产生的，揭示了欧洲社会土地产权问题的规律；另一方面，马克思土地产权理论形成并发展于19世纪40年代至90年代，立足于欧洲当时土地产权客观情势的论证和研究，具有鲜明的时代性特征。未来社会会是什么样子？马克思遵循人类社会发展规律和经济运行规律，也仅是对未来社会土地产权作了大胆预测。因此，不能将数百年前“老祖宗”讲的话当作教条或“包治百病的良药”，原封不动地移植到中国来，而必须从中国的实际出发，在实践中将其变成中国化的理论

① 邓小平文选（第3卷）［M］．北京：人民出版社，1993：369.

成果。

“马克思主义的一个基本道理，就是不能用本本去框实践，而只能用实践去发展本本。如果一切都要先看本本上有没有，老祖宗讲过没有，就很难在实践中迈开步子。”① 回顾中国共产党解决土地问题的历史不难得知：推进马克思土地产权理论中国化的历史进程实际上就是坚持“老祖宗”与发展“老祖宗”相结合的历史进程。在谈到如何对待马克思主义时，毛泽东曾直出：“马克思这些老祖宗的书，必须读，他们的基本原理必须遵守，这是第一。但是，任何国家的共产党，任何国家的思想界，都要创造新的理论，写出新的著作，产生自己的理论家，来为当前的政治服务，单靠老祖宗是不行的。”② 马克思土地产权理论作为马克思主义的重要组成部分，对待它又何尝不是如此呢？在对待此问题上，邓小平是坚持和发展马克思土地产权理论的光辉典范，他以极大的政治勇气、理论勇气和务实的精神说了许多“老祖宗”没有说过的“新话”，认为有利于促进生产力的所有制形式及其运行方式都可以而且应当采用。“这种以同一基本关系（即土地公有制）为基础的形式，本身可能以十分不同的方式实现出来。”③ 关于家庭联产承包责任制和生产社会化基础上发展集体经济的“农业两次飞跃”；土地产权运行方式，集体所有制性质不变，土地所有权和使用权完全可以“两权分离”运行；在坚持按劳分配的基础上，允许多种生产要素参与分配。这些都是“老祖宗”没有讲过的“新话”，提高了农民群众的生产积极性和土地资源的使用效率，推动了农村经济的快速稳步发展。

二、既精于经典文本，又直面社会现实，“理论”与“问题”相结合

2001 年 8 月，江泽民在国防大学军队高级干部理论研讨班上强

---

① 江泽民文选（第 3 卷）［M］. 北京：人民出版社，2006：339.

② 毛泽东文集（第 8 卷）［M］. 北京：人民出版社，1999：109.

③ 马克思，恩格斯. 资本论（第 3 卷）［M］. 北京：人民出版社，1975：719.

调："以实际问题为中心研究马克思主义的方法，是我们党一贯倡导的科学方法论。看我们是否真正坚持了马克思主义，关键看是否能运用它来解决中国面临的实际问题"[①]。的确，读马列主义不是泛泛而谈，要精、要管用。要在马克思主义经典"文本"的指导下，关注社会现实、解决社会问题。"理论"与"问题"相结合是马克思土地产权理论中国化又一基本经验。

解决中国土地产权问题，推动农村经济发展，促进农民增收，"返本"是马克思土地产权理论中国化不可逾越的先行步骤。"返本"旨在深入地研究马克思土地产权理论，以便从理论上把握社会现实、分析问题，在"文本"引导与现实观感中，解决土地产权问题。

90余年来，富有创新精神的中国共产党人既认真研读马克思主义经典"文本"，又敢于直面社会现实问题，着眼于解决人们最关心、最直接的社会问题来发展马克思主义、丰富马克思主义。在解决土地产权问题的伟大实践中，形成的中国化马克思主义的两大理论成果既没有违背马克思土地产权理论的文本，且在解决问题的实践中尊重了农民群众的主观意愿和创造精神，调动了农民群众的生产热情。立足于中国特殊国情，赋予了马克思土地产权理论中国化的内容和形式。新民主主义革命时期，土地问题是农民群众最关心的问题，"耕者有其田"让农民群众充分活跃起来，积极投身于革命实践中，使革命有了源源不竭的基本动力；社会主义改造时期，顺应农民群众走上社会主义道路的迫切愿望，通过农业合作化运动实现了土地农民个体所有向土地劳动群众集体所有的根本转变，奠定了社会主义性质的经济基础；改革开放近40年来，通过土地产权权能运行结构的重大调整，实现了生产要素资源的优化配置，提高了农业生产效率，带来了农民增收和农村经济的繁荣。可以这样

① 江泽民文选（第3卷）［M］．北京：人民出版社，2006：339.

说，中国化马克思主义土地产权理论成果是马克思土地产权理论时代化、民族化的光辉典型，每一次重大突破都与中国的重大现实问题紧密相关，是立足中国实际，直面中国现实问题的重大理论创新。

三、既依靠集体智慧，又尊重群众创造，“自上而下”与“自下而上”相结合

“推进马克思主义中国化既是党的领导集体的使命，又是广大理论工作者的职责，还是人民群众自己的事业。”① 人民群众作为历史的创造者，在革命、建设和改革的伟大实践中，丰富发展着马克思主义；理论工作者在从事理论研究的工作中，通过回答和解决社会现实问题，推进马克思主义理论创新；党的领导集体特别是其核心成员是马克思主义理论创新的“火车头”，起着方向引领作用。人民群众的实践创造、理论工作者的深入研究、党的领导集体的方向引领，三个方面“自下而上”和“自上而下”的融汇互动，逐步解决了中国土地产权的基本问题，推动着土地产权权能高效有序运行，不断赋予马克思土地产权理论中国化的精神实质和特定内涵。

不可否认，马克思土地产权理论中国化的两大理论成果都是党的领导集体智慧的结晶。譬如，毛泽东土地产权思想并非毛泽东个人的努力和智慧，而是以毛泽东为领导核心的中央领导集体的智慧结晶；中国特色社会主义土地产权理论是包括以邓小平、江泽民、胡锦涛和习近平等为领导核心的几届中央领导集体的共同结晶。不仅如此，马克思土地产权理论中国化的理论成果中的一些新的思想学说或理论观点，很多都是来自人民群众自己的创造和基层实践经验的积累。譬如，家庭联产承包责任制是中国农民的伟大创造，使集体经济组织的优越性和农民的积极性得到了充分发挥；土地经营

① 石云霞，陈曙光．新中国60年来马克思主义中国化的历史经验［J］．理论视野，2010（01）：12.

权流转灵活多样的形式，有些是源于农民的经验所得和劳动创造。1992 年 7 月，邓小平在审阅党的十四大报告送审稿时就曾直言不讳地说："改革开放中许许多多的东西，都是由群众在实践中提出来的。报告讲我的功绩，一定要放在集体领导范围内，绝不是一个人的脑筋就可以钻出什么新东西来，是群众的智慧，集体的智慧。我的功劳是把这些新事物概括起来，加以提倡"①。邓小平的精辟论述，体现了共产党人实事求是的科学态度，是客观的、中肯的。在落实土地所有权、稳定土地承包权和放活土地经营权的新形势下，我们一定要发挥党的领导集体的方向引领作用，尊重人民群众的创造精神，发挥他们积极尝试、敢于试验的热情，重视理论工作者的研究，并将三个方面有机结合起来，形成推进马克思土地产权理论中国化的强大合力，解决土地承包经营中的产权争议和权益纠纷，让人民群众获得更多实惠。

四、既审视历史，又面向未来，"反思"与"先导"相结合

历史犹如一面镜子，以史为鉴告诫人们吸取历史的经验教训，便于更好地前进。通过对正反两方面历史经验的概括总结和把握研究，以揭示和认识客观真理，是马克思主义方法论的内在要求，亦是推进马克思土地产权理论中国化的重要途径。很多时候，人的正确认识源于历史经验的科学总结，积极的方面让人保持信心，消极的方面使人保持警惕，以便有着清醒的头脑探寻真理。马克思土地产权理论中国化的两大理论成果就是在深刻总结中国革命、建设和改革的历史经验的基础上逐步形成并发展起来的。譬如，在新民主主义革命时期，"没收一切土地归苏维埃政府所用"于革命发展无益，进而做出了"没收地主阶级的土地分配给农民"的政策调整；家庭联产承包责任制亦是总结"包产到户、包干到户"经验的巨大

---

① 邓小平关于建设有中国特色社会主义的论述专题摘编［M］．北京：人民出版社，1995：21.

成果。这些历史经验经概括总结和高度提炼，形成的宝贵经验就会以理论形态的形式表现出来。

总结历史经验旨在更好地面对未来。推进马克思土地产权理论中国化必须有宽广的视阈，并站在时代的前沿，立足当前、展望未来。土地经营权流转理论作为马克思土地产权理论中国化的最新成果，要科学揭示中国农村经济发展规律和土地经营、市场化运作规律，继而为土地产权制度变革提供理论先导。推进马克思土地产权理论中国化不是简单地解决农民流转土地经营权受益的问题，更重要的是在市场经济条件下盘活有限的土地资源，在保护土地资源的前提下实现其最优化配置，最大限度地提高土地资源的利用效率。这是个着眼于“当前”问题却体现“未来”要求的命题。90余年来，马克思土地产权理论中国化的理论成果之所以能够成为人民群众的共同思想基础，就在于它顺应历史发展的潮流，尊重人民群众的意愿，回应人民群众的期盼和呼声，代表着社会发展的方向。譬如，刘少奇提出的“三自一包”农业生产责任制思想，为改革开放之初家庭联产承包责任制的推行提供了实践经验和理论先导；邓小平“农业两个飞跃”，在科学种田和生产社会化基础上发展集体经济的思想为后来的“农业适度规模经营”提供了舆论准备，是农业生产规模化、集约化的先声。有了思想上的舆论准备和理论上的初步探索，才使得马克思土地产权理论中国化的新成果纷纷呈现。

第二节　马克思土地产权理论中国化的启示借鉴

伴随着马克思土地产权理论中国化的推进实践，我国土地产权制度经历数次重大调整变动以后逐步进入法治化、市场化的轨道。但是，在市场化的运作中，也出现了土地权属模糊、土地所有权虚化、土地资源破坏流失、农民土地权益受到侵害等诸多社会问题。为此，要不断总结历史经验，并从中获得启示借鉴，以便在推进马克思土地产权理论中国化的进程中，进一步丰富完善中国化马克思主义土地产权理论成果。

一、深入推进马克思土地产权理论中国化必须坚持中国共产党的领导

土地产权问题是社会总问题的一部分，它不是从来就有的，而是伴随土地私有化的推进才逐步产生的。在土地私有制的传统农业社会，财产关系并非纯经济的形态，附带有政治的和社会的附属物，人们依附于土地，少数人凭借掌握的土地所有权，对无地或少地的土地使用权人实行超经济强制。有效解决土地产权问题，必须消除土地私有制，推行土地公有化即土地集体化或土地国有化。

在中国两千余年的封建社会里，历代封建统治者从维护统治阶级的根本利益出发，以儒学经典为根本指导思想，在解决土地问题上，有自己的看法和观点，亦曾提出过解决土地问题的纲领政策。对古代解决土地问题的纲领政策稍作审视，不难发现，某些方面直到今天也不乏借鉴价值。但总的来看，解决土地问题的纲领政策始终是站在统治阶级的立场上，着眼于统治阶级根本利益的维护，并没有也不可能触及封建土地所有制的基础，也就无法提出解决土地问题的正确途径。数千年来，伴之土地政策调整，地主阶级和农民阶级这对阶级矛盾时而趋于紧张，时而有所缓和。但是，彼此根本对立的状态却丝毫没有改变，千千万万的农民时常食不果腹、衣不蔽体，在温饱线下苦苦挣扎。

1840 年鸦片战争爆发，西方列强用坚船利炮轰开了中国的大门，继而将中国一步步地推向了半殖民地半封建社会的深渊，将中华民族置于生死存亡的边缘。为彻底改变中华民族的历史命运，不知有多少仁人志士付出了巨大艰辛。然而，一次次轰轰烈烈的运动，都免不了失败的命运。追根究底，原因固然是多方面的，但与

不能解决最大多数人最关心、最直接的利益问题即土地问题，导致他们对革命运动的不关心甚至是冷淡有莫大的关系。半殖民地半封建社会的性质决定着社会的主要矛盾，要解决中国的问题，必须分析国情，把握这一主要矛盾，而敌我力量的过分悬殊又决定了只有唤醒最大多数人的觉悟和热情，形成强大的革命力量，才能取得革命的最后胜利。

中国共产党成立之时就较为重视土地问题，明确提出了“废除资本私有制，没收一切生产资料，如机器、土地、厂房、半成品等，归社会所有”[①] 的政治主张。在新民主主义革命时期，一方面，始终坚持以马克思土地产权理论为指导，认真学习和领会马克思土地产权理论的精神实质，实践中做到灵活运用，另一方面，将马克思土地产权理论的基本原理与中国农地关系实际结合起来，积极研究中国土地和土地产权问题，并就具体问题进行具体分析，提出了解决土地产权的方案，实践中切实贯彻执行党的土地纲领和土地政策。在党的正确领导下，土地改革运动实施完成，农民获得了属于自己的土地，成为生产资料的主人。又经新民主主义社会的平衡过渡，到 1956 年底，农业合作化运动基本完成，在农村建立了以劳动群众集体所有制为基础的社会主义性质的集体经济。在社会主义建设和改革的新时期，党又根据变化着的实际，适时进行土地政策调整，调动了劳动者的生产热情，推动着农村生产要素资源的优化配置，提高了土地资源的利用效率，促进了农村经济的稳步发展。

90 余年的实践证明，没有中国共产党的领导，不可能解决最大多数人关心的土地问题，不可能有农村经济的繁荣和发展，更不会有最广大人民群众富裕幸福的生活。

---

① 中央档案馆. 中共中央文件献选集（一）［M］. 北京：中共中央党校出版社，1989：12.

二、深入推进马克思土地产权理论中国化必须立足于中国的特殊国情

马克思土地产权理论作为科学真理，具有普遍的指导意义。但是，中国有着特殊的国情，中国革命、建设和改革的环境条件与马克思所分析的西方资本主义国家很不一样，要将其运用到中国，必须立足于中国实际，提出富有中国特色、中国气派和中国风格的新的土地产权理论。

土地是农民群众的安身立命之基，调动他们的革命热情，要满足他们获得土地产权的愿望。在我国古老的自然崇拜中，土地始终被置于相当重要的位置。古人之所祭者："左宗庙，右社稷"。"左宗庙"即指祭祀先人、祖辈；"右社稷"即指祭祀土地粮食，社、稷分别指土神、谷神。在新民主主义革命时期，农民阶级是工人阶级的同盟军，是推动革命前进的基本力量。正是在此意义上，农民问题成为中国革命的基本问题，而其核心又是土地问题。在革命的演进发展中，中国共产党逐渐认识到了土地问题的极端重要性，"八七"会议确定了土地革命和武装反抗国民党反动派的总方针，积极开展土地革命并将没收的土地分配给无地或小地的农民。中共"六大"明确规定没收地主阶级的一切土地，且对富农的政策做了适当调整，尽管土地所有权等问题没有得到很好地解决，导致农民参加土地革命的热情依然不高，但与中国共产党早期的土地政策相比，亦有了明显进步。变封建半封建土地所有制的政策贯彻落实，农民不仅获得了土地使用权，而且也获得了土地所有权，他们的革命热情极大地调动起来，巩固了工农联盟，逐渐形成了势不可挡的革命力量，从而为革命的最终胜利奠定了群众基础。革命时期尚且如此，社会主义建设和改革时期亦无例外。在土地集体所有权不变的前提下，稳定土地承包权、放活土地经营权亦是着眼于此。

破解人地关系矛盾，优化配置农业要素资源，提高土地资源利用效率。人多地少是我国的基本国情，人均土地面积约 4/5 公顷，是世界人均水平的29%，人均可耕地面积不足半公顷。在这种情况下，单个农户或家庭难以投入更多生产元素来提升农业现代化的发展水平。而从发达国家的经验来看，采用市场化运作，将细碎零散的土地资源整合起来，推动农业要素资源优化配置，引导多种形式的适度规模经营是促进农业发展、农民增收的有效路径。当然，农业适度规模经营离不开土地产权制度变革。“集体所有、家庭经营”让农民拥有了土地承包经营权，一度促进了农民经济发展。但伴之工业化、城镇化的推进，农村大量人口外迁，承包农户不经营自己承包地的情况明显增多，土地荒芜大量出现，降低了土地资源使用效率。土地所有权、土地承包权和土地经营权“三权分置”为土地有序流转奠定了重要基础，在维护集体土地所有者权益、农户土地承包权益的同时，放活了土地经营权，解决土地要素优化配置的问题，提高了土地资源的使用效率。但亦要注意到，农村特别是在地块面积小的偏远山区，土地闲置、撂荒的问题依然较为严峻。意欲破解此题，尚需要根据山区农地现状和变化着的中国国情，进行深一步的探索研究。

三、深入推进马克思土地产权理论中国化必须直面群众最关心的问题

2005 年 12 月，胡锦涛在青海考察工作时强调指出：“坚持立党为公、执政为民，坚持以人为本、全面协调可持续的科学发展观，坚持发展为了人民、发展依靠人民、发展成果由人民共享，切实解决人民群众最关心、最直接、最现实的利益问题，千方百计为困难群众多办好事实事，进一步凝聚起广大人民群众的力量”[①]。在推进

---

① 胡锦涛考察青海：切实解决群众最关心的问题［EB/OL］. http：//www. huaxia. com/xw/zdxw/gcdt/2005/00399568. html，2005-12-16.

马克思土地产权理论中国化的伟大实践中，中国共产党始终把解决群众最关心的问题、为民谋福祉作为工作的出发点和落脚点。

随着工业化、城镇化的快速推进，农村大量劳动力入城转移就业，从事土地经营的劳动力明显减少，土地经营权流转成了进一步释放农村生产力、促进农民增收致富的重要途径。允许土地经营权流转实际上国家赋予农民一定层次上的土地处置权。从法律层面上说，这种处置权掌握在土地承包方即农民手中，是否流转、以怎样的方式流转完全由农民自主自愿决定，这是保障农民土地权利的基本体现。在土地经营权流转中，直面群众最关心、最直接、最现实的问题，说到底是保障农民土地权益问题。第一，土地经营权流转中必须保障刚性化的农民土地权利。目前，我国相关法律法规、制度政策虽然都做了农村土地集体所有的界定，但集体究竟是指什么？法律也好，政策也罢，界定都较为模糊，从而使农村土地所有权虚位、处于不完全的状态，作为集体重要成员的农民享有土地承包经营权，然而由于土地承包经营权内容的不完整，农民只能享有有限的土地处置权，土地权益保障存在较大困难。因此，保障农民土地权益，尚需要通过法律的不断完善将农民土地权益清晰化、刚性化。第二，以制度规范、程序约束乡镇基层、村级组织权力。《中华人民共和国土地承包法》《关于引导农村土地经营权有序流转发展农业适度规模经营的意见》等法律法规虽然就土地承包、流转经营等作了原则性规定，但就土地经营权流转程序的规定则较为笼统，缺乏明确、规范程序设计。从这个角度上说，保障农民土地权益必须建立严格、规范、透明的土地经营权流转程序，赋予农民更大的监督权、话语权，避免暗箱作业。第三，土地经营权流转中引入第三方，以社会力量约束基层干部权力。土地经营权实行市场化运作，就是要减少行政手段和政府干预，第三方作为农民与集体经济组织之间的缓冲组织，在其中扮演着重要角色，具有不可替代的作用。规范土地经营权流转，解决农民群众最关心的问题，应该积极培育并引入土地经营权流转第三方服务组织，并将土地经营权流转委托给第三方依法独立进行，这一方面有助于推进土地经营权有序流转，使土地要素资源得到优化配置，另一方面有助于保障农民土地权益。

结　语

自古至今，土地是人类生存发展的衣食之源、生存之本，是一切生产和一切存在的源泉。对于中国这样一个地少人多的国家而言，土地更具有特殊的地位和价值。“民以食为天”，以耕田种地为业的农民视土地为“命根子”，其地位和价值可见一斑。中国作为世界历史演进中悠久的传统农业大国，土地一直被视为最主要的生产资料。或许基于此，土地产权问题始终是人们最关心、最直接和最现实的利益问题，亦是社会的核心问题。马克思土地产权理论为解决这一核心问题提供了世界观和方法论上的指导。在推进马克思土地产权理论中国化的伟大实践中，立足于中国土地问题实际，形成了毛泽东土地产权思想和中国特色社会主义土地产权理论两大理论成果。这两大理论成果是在准确把握我国所处的历史方位和时代任务的基础上逐步形成的，具有鲜明的时代特色；是在全面推进马克思土地产权理论中国化的实践进程中发展起来的，蕴含着扎实的理论特色；是在抓住产权问题核心、破解产权运行难题中渐趋成熟的，具有务实的实践特色；是在弘扬中华民族辉煌历史和文化的优秀传统基础上丰富完善的，呈现出典型的民族特色。在马克思土地产权理论及其中国化理论成果的指导下，封建半封建的土地所有制终成历史“弃儿”，经历农民个体土地所有制向劳动群众集体所有制的短暂过渡之后，农村土地集体所有制最终确立起来并在实践中得到贯彻执行。

然而，土地产权运行又始终是变化着的、动态的。土地所有权和土地承包经营权分离运行，一度使农民群众的生产热情高涨，推动着农村经济的快速稳步发展。但是，家庭联产承包责任制的潜能和活力释放殆尽之时，土地产权改革的呼声又会轰然再起。实行土地所有权、土地承包权和土地经营权的“三权分置”，在土地所有权性质不变的前提下，稳定了土地承包权，盘活了土地经营权，亦使农民从中获得了更多收益，真正地享有改革发展的巨大成果。

亦需直面的问题是，土地产权理论的某些缺陷和弊端伴随纷繁复杂的现实而不断滋生，土地经营权流转“非粮化”“非农化”“被流转”的现象屡屡发生，侵害土地权益主体合法权益的行为也是屡禁不止。而深究其因，这固然与法律法规、政策制度尚存有某些遗缺有关，但亦与政策理解偏差和执行缺位密切相联。面对那些合法权益遭到侵害而无以保障的无辜、无助的农民，理论研究究竟如何才能使他们灰暗的目光重新焕发光亮呢？尚需谨记的是，马克思主义的终极指向是劳动是生活的第一需要而非谋生手段，实现人自由而全面地发展。当然，人的需要是多方面、多层次的，生存是最基本的需要，但在此之上，还有更高层次的需要。在迈向全面建成小康、共创和谐社会新的历史起点上，农民也希望能够获得更大、更好地发展，而非只限于维持生活、生存下去，常年游离于土地之外奔波忙碌。

土地经营权流转是土地产权改革探索中的未竟之业，尚需要付出更大努力和艰辛。“遵循规律、尊重意愿、维护权益”是贯穿始终的一条红线：土地经营权流转要始终遵循经济发展规律，不能盲目推进、超越阶段，尊重农民的主体意愿，不能强迫命令；在土地收益权分配时，看到土地的经济功能更需要关注土地的保障功能，使农民在土地权益分配中做到“一不缺位、二要到位”。

马克思土地产权理论是在突破创新中不断发展成熟起来的的理论。伴随解决中国土地问题实践的持续推进，作为马克思土地产权理论中国化的理论成果亦将不断丰富完善。

参考文献

一、著作类

[1] 中共中央马克思恩格斯列宁斯大林著作编译局．马克思古代社会史笔记［M］．北京：人民出版社，1996.

[2] 中共中央马克思恩格斯列宁斯大林著作编译局．马克思恩格斯全集（第1—46卷）［M］．北京：人民出版社，2007.

[3] 中共中央马克思恩格斯列宁斯大林著作编译局．马克思恩格斯选集（第1—4卷）［M］．北京：人民出版社，2012.

[4] 马克思．资本论（全三册）［M］．上海：上海三联文化传播有限公司，2013.

[5] 毛泽东选集（第1—4卷)［M］．北京：人民出版社，2008.

[6] 邓小平文选（第1—3卷)［M］．北京：人民出版社，2014.

[7] 江泽民文选（第1—3卷)［M］．北京：人民出版社，2006.

[8] 陆学艺．联产承包责任制研究［M］．上海：上海人民出版社，1986.

[9] 中共中央文献研究室，国务院发展研究中心．新时期农业和农村工作重要文献选编［M］．北京：中央文献出版社，1992.

[10] 中共中央文献研究编．建国以来重要文献选编（第11册)［M］．北京：中央文献出版社，1995.

[11] 钟详财．中国土地思想史稿［M］．上海：上海社会科学院出版社，1995.

[12] 王琢，许滨．中国农村止地产权制度论［M］．北京：经济出版社，1996.

[13] 刘勇成．中国租佃制度史［M］．台北：文津出版社，1997.

[14] 杜润生．中国农村制度变迁——我国农业集体化的过去与现在［M］．成都：四川人民出版社，2003.

[15] 周志强．中国共产党与中国农业发展道路［M］．北京：中共党史出版社，2003.

[16] 杜润生．中国农村体制变革重大决策纪实［M］．北京：人民日报出版社，2005.

[17] 汪利娜．中国城市土地产权制度研究［M］．北京：社会科学文献出版社，2006.

[18] 陈爱玉．邓小平关于农业的“两个飞跃”思想与实践［M］．北京：人民出版社，2009.

[18] 高元禄．中国农村土地产权问题研究［M］．北京：经济科学出版社，2009.

[19] 孟勤国．中国农村土地流转问题研究［M］．北京：法律出版社，2009.

[20] 高林远，黄善明，祈晓玲等．制度变迁中的农民土地权益问题研究［M］．北京：科学出版社，2010.

[21] 洪名勇．马克思土地产权制度理论研究——兼论中国农地产权制度改革与创新［M］．北京：人民出版社，2011.

[22] 刘承韪．产权与政治：中国农村土地制度变迁的研究［M］．北京：法律出版社，2012.

[23] 罗必良．产权强度土地流转与农民权益保护［M］．北京：经济科学出版社，2013.

[24] 亚当·斯密著，郭大力、王亚南译．国民财富的性质和原因的研究（上卷）［M］．北京：商务印书馆，1981.

[25] 道格拉斯·C·诺斯著，陈郁、罗华平译．经济史中的结

构与变迁［M］．上海：上海人民出版社，1994.

［26］蒲鲁东著，孙署冰译．什么是所有权：或对权利和政治的原理的研究［M］．北京：商务印书馆，2007.

［27］托马斯·莫尔著，戴镏龄译．乌巧邦［M］．北京：商务印书馆，2008.

［28］何·皮特（Peter Ho）著，林韵然译．谁是中国土地的拥有者：制度变迁、产权和社会冲突［M］．北京：社会科学文献出版社，2014.

二、期刊论文类

［1］杨学成，曾启．试论农村土地流转的市场化［J］．中国社会科学，1994（04）．

［2］洪名勇．论马克思的土地产权理论［J］．经济学家，1998（01）．

［3］杨秋宝．马克思的产权理论论纲［J］．马克思主义与现实，1998（03）．

［4］钱忠好．农村土地承包经营权产权残缺与市场流转困境：理论与政策分析［J］．管理世界，2002（02）．

［5］周琳琅．江泽民对邓小平农业家庭承包制理论的重大发展［J］．理论月刊，2004（06）．

［6］崔建远．土地承包经营极的修改意见［J］．浙江社会科学，2005（06）．

［7］邵彦敏．马克思止地产化理论的逻辑内涵与当代价值［J］. 马克思主义与现实，2006（03）．

［8］朱春燕．马克思产权理论研究述评［J］．思想理论教育导刊，2006（06）．

［9］石莹，赵昊鲁．从马克思主义土地所有权分离理论看中国农村土地产权之争——对土地“公有”还是“私有”的经济史分析

[J]．经济评论，2007（02）．

[10] 蔡继明．中国土地制度改革论要 [J]．东南学术，2007（03）．

[11] 刘国臻．论美国的土地发展权制度及其对我国的启示 [J]．法学评论，2007（03）．

[12] 蒋晓玲．构建农村集体建设用地使用权流转制度的可行性分析 [J]．农村经济，2007（04）．

[13] 丁关良．土地承包权流转方式之内涵界定 [J]．浙江大学学报，2008（06）．

[14] 刘永荣．集体土地承包经营权入股的法律困境与出路——基于重庆巴南区集体土地产权改革的调研分析 [J]．西南政法大学学报，2009（05）．

[15] 邓大才．关于土地承包经营权流转市场的几个重大判断 [J]．学术研究，2009（10）．

[16] 葛杨．马克思的止地所有权与地租理论研究 [J]．经济思想史评论，2010（02）．

[17] 杜润生．给农民创造一个更好的制度环境 [J]．中国改革，2000（10）．

[18] 金文成，孙昊．农村土地承包经营权流转市场分析 [J]．农业经济问题，2010（11）．

[19] 王克强、赵露、刘红梅．城乡一体化的土地市场运行特征及利益保障制度 [J]．中国土地科学，2010（12）．

[20] 温铁军．我国为什么不能实行农村土地私有化 [J]．红旗文稿，2010（26）．

[21] 王昉．传统中国社会土地产权结构特征：比较视野的讨论 [J]．贵州社会科学，2012（02）．

[22] 齐延平．市场化应成为土地征收中失地农民的补偿原则 [J]．山东大学学报，2012（05）．

[23] 黄韬、王双喜．产权视角下乡村治理主体有效性的困境和出路 [J]．马克思主义与现实，2013（02）．

[24] 郑和平、段龙龙．中国农村土地权能弱化论析 [J]．四川大学学报，2013（06）．

[25] 刘同山、孔祥智．十个一号文件与农村基本经营制度稳定 [J]．现代管理科学，2013（08）．

[26] 王燕霞．新形势下农村土地制度改革研究 [J]．河北法学，2014（04）．

[27] 刘若江．马克思土地产权理论对我国农村土地流转的启示 [J]．西北大学学报，2015（02）．

三、学位论文类

[1] 李爽．我国农村土地承包经营权流转制度研究 [D]．长春：吉林大学，2010.

[2] 赵光南．中国农地制度改革研究 [D]．武汉：武汉大学，2011.

[3] 王金堂．土地承包经营权制度的困局与解破 [D]．重庆：西南政法大学，2012.

[4] 张启发．《中国土地法大纲》与中国农村社会变革研究 [D]．石家庄：河北师范大学，2012.

[5] 姚远．集体建设用地使用权流转的法律制度构建 [D]．上海：华东政法大学，2013.

[6] 王泽南．土地承包经营流转制度的完善 [D]．长春：吉林大学，2014.

[7] 刘敏．马克思土地产权理论与我国农地制度改革研究 [D]．华中师范大学，2015.

四、外文文献

[1] Brandt, L., Huang, J. Li, G & Rozelle, S. Landrights in

rural China: Facts, fictions and issues [J] . The China Journal, 2002: 67–97.

[2] John Meligrana, Zhijian Li and Zhiyao Zhang: Resolving Land Use Disputes in China: An Analysis of a Method of Dealing with Citizen Complaints [J] . Environment and Urbanization Asia , 2011 (02): 251.

[3] Q. Forrest Zhang and John A. Donaldson: From Peasants to Fanners: Peasant Differentiation, Labor Regimes, and Land–Rights Institutions in China's Agrarian Transition [J] . Politics & Society, 2010 (38): 458.

图书在版编目(CIP)数据

马克思土地产权理论及其中国化研究/唐建兵著.—合肥:合肥工业大学出版社,2017.2

ISBN 978-7-5650-3268-4

Ⅰ.①马… Ⅱ.①唐… Ⅲ.①马克思主义—土地所有制—发展—研究—中国 Ⅳ.①A811.66

中国版本图书馆 CIP 数据核字(2017)第 025034 号

马克思土地产权理论及其中国化研究

唐建兵 著　　责任编辑 郭娟娟

出 版	合肥工业大学出版社	版 次	2017 年 2 月第 1 版
地 址	合肥市屯溪路 193 号	印 次	2017 年 4 月第 1 次印刷
邮 编	230009	开 本	710 毫米×1010 毫米 1/16
电 话	人文编辑部:0551-62903205	印 张	12.5
	市场营销部:0551-62903198	字 数	183 千字
网 址	www.hfutpress.com.cn	印 刷	合肥现代印务有限公司
E-mail	hfutpress@163.com	发 行	全国新华书店

ISBN 978-7-5650-3268-4　　定价:35.00 元